Os jovens da Bíblia

PIERA PALTRO

Os jovens da Bíblia

e suas incríveis HISTÓRIAS

Paulinas

Dados Internacionais de Catalogação na Publicação (CIP)
(Câmara Brasileira do Livro, SP, Brasil)

Paltro, Piera
　　Os jovens da Bíblia e suas incríveis histórias / Piera Paltro ; tradução de Silva Debetto C. Reis. – 2. ed. – São Paulo : Paulinas, 2010. (Coleção Revelação).

　　Título original: Ciao, amici, siamo noi! : I ragazzi della Bibbia.
　　ISBN 978-85-356-0601-0

　　1. Adolescentes 2. Bíblia - Crítica e interpretação I. Título. II. Série.

10-11887　　　　　　　　　　　　　　　　　CDD-220.8000835

Índice para catálogo sistemático:
1. Adolescentes na Bíblia   220.8000835

Título original da obra: *CIAO, AMICI, SIAMO NOI!* – I ragazzi della Bibbia
© Paoline Editoriale Libri – Figlie di San Paolo, 1997
Via Francesco Albani, 21 – 20149 Milano

2ª edição – 2010
4ª reimpressão – 2023

Direção-geral: Flávia Reginatto
Editora responsável: Andréia Schweitzer
Tradução: Silva Debetto C. Reis
Copidesque: Simone Rezende
Coordenação de revisão: Marina Mendonça
Revisão: Sandra Sinzato
Direção de arte: Irma Cipriani
Assistente de arte: Sandra Braga
Gerente de produção: Felício Calegaro Neto
Ilustrações: Franca Trabacchi
Projeto gráfico: Telma Custódio

Nenhuma parte desta obra poderá ser reproduzida ou transmitida por qualquer forma e/ou quaisquer meios (eletrônico ou mecânico, incluindo fotocópia e gravação) ou arquivada em qualquer sistema ou banco de dados sem permissão escrita da Editora. Direitos reservados.

Paulinas
Rua Dona Inácia Uchoa, 62
04110-020 – São Paulo – SP (Brasil)
Tel.: (11) 2125-3500
http://www.paulinas.com.br – editora@paulinas.com.br
Telemarketing e SAC: 0800-7010081

© Pia Sociedade Filhas de São Paulo – São Paulo, 2002

Apresentação

Deus gosta muito das crianças e dos jovens e tem por eles um grande e terno amor.

Na Bíblia, há várias histórias em que eles aparecem. Deus confiou-lhes tarefas especiais, que só mesmo eles seriam capazes de realizar, porque têm a ousadia e a pureza de coração que, muitas vezes, os adultos perderam ao longo da vida.

Moisés, Samuel e Davi são alguns dos jovens escolhidos por Deus para serem seus colaboradores. Tornaram-se grandes homens porque, desde pequenos, confiaram no Senhor e, com sua ajuda, realizaram coisas incríveis. Moisés libertou seu povo da escravidão do Egito, Samuel foi consagrado como juiz e profeta, Davi foi ungido rei.

Neste livro, esses e outros personagens bíblicos, do Antigo e do Novo Testamento, contam suas histórias e partilham com você os momentos em que sentiram medo ou tristeza, que enfrentaram riscos e viveram milagres que só mesmo a fé pode explicar.

Em muitos episódios, o próprio Jesus está presente, pedindo que deixem as crianças irem a ele, envolvendo os jovens em acontecimentos incríveis, confirmando o amor de Deus por nós. Aliás, esta é uma das grandes novidades apresentadas por Jesus: as crianças e os jovens têm um lugar especial em seu coração, porque sabem que podem confiar plenamente no Mestre, como um verdadeiro discípulo!

Os jovens do Antigo Testamento

Deus providenciará!

A história de Isaac

Oi, tudo bem? Eu sou Isaac. Meu nome quer dizer "Que Deus sorria". Legal, não é? Meu pai se chama Abraão e minha mãe, Sara. Eles são mais velhos que os pais dos meus amigos, mas para mim são os melhores do mundo! Sinto muito orgulho deles.

Nós criamos gado e temos muitos rebanhos. À noitinha, quando as estrelas começam a despontar, a gente se reúne ao redor do fogo e meu pai conta suas aventuras por essa terra imensa. É tão bom ouvir suas histórias!

Meu pai morava com o pai dele, Taré, em Ur, perto do mar da Pérsia, muito longe daqui. Mas depois subiu o grande rio Eufrates e foi para Harã, mil quilômetros ao Norte. Dali desceu até Siquém, na Palestina. Em seguida foi para o Egito, porque houve uma grande fome. Finalmente, retornou à Palestina e fixou-se aqui, em Bersabeia, onde agora moramos. Até quando, eu não sei, porque estamos sempre precisando nos mudar, para procurar novos pastos.

Gosto muito desse lugar cheio de árvores! Não é como o deserto, que só tem sol, areia e pedras. Aqui temos tâmaras, figos, uvas, amêndoas, romãs. A paisagem é um espetáculo e parece sempre nova.

Também há muitos animais e, como sou um bom arqueiro, estou sempre andando por aí com arco e algumas flechas. Não é para me mostrar, mas é que a gente tem que saber se virar... De repente podem aparecer lobos, algum urso irritado, chacais e até o "rei" leão... Pode parecer arriscado, mas gosto muito de morar aqui em Bersabeia.

Aliás, por falar em risco, um dia desses aconteceu um fato inacreditável, de tirar o fôlego. Não sou medroso, mas a verdade é que a minha vida ficou por um triz. Quer saber o que foi? Então, preste atenção.

Além de criador de gado e grande viajante, meu pai é também comerciante e até serve como soldado, quando necessário. Mas, acima de tudo isso, é um homem especial, que se destaca pela fé que tem em Deus. Ele acredita e confia cegamente no Senhor. Seu lema é um só: "Deus é sempre justo". Ele sempre diz isso, em qualquer situação. Como é sério e justo em tudo que faz, ninguém se atreve a rir dele.

Uma semana atrás, ele me chamou e disse com voz séria:

– Isaac.

– Estou indo, pai! – respondi e corri até ele. Vi logo que estava pronto para uma viagem: o burrinho selado, com um feixe de lenha no lombo, e dois servos preparados para a escolta.

– Venha comigo – falou. – Vamos oferecer a Deus um sacrifício, como ele me pediu.

– Está bem – respondi alegre.

Gostei da ideia, principalmente porque íamos fazer uma pequena viagem. Partimos em direção ao Norte. Aonde papai pretendia ir, eu não sabia. Viajamos durante três dias. Por fim, ele apontou um monte a distância e disse aos servos:

– Fiquem aqui com o burrinho. Eu e o menino vamos lá em cima para adorar a Deus. Logo estaremos de volta.

Depois, colocou a lenha nos meus ombros, e partimos. Lá pelo meio do caminho, perguntei-lhe:

– Papai, o que vamos oferecer a Deus em sacrifício?

Achei que ele tinha se esquecido do cordeiro, que costumamos oferecer... mas sabia que isso era impossível.

Ele só respondeu:

– Deus vai providenciar, meu filho.

Ele seguia calado, e eu também. Para encurtar a história, ao chegarmos lá em cima, papai preparou tudo, acendeu a fogueira com a lenha que carreguei e deixou o facão no chão. Depois, aproximou-se de mim e me amarrou. Eu não estava entendendo nada! Mas então ele me levantou no colo e me levou até a pilha de lenha.

Senti um calafrio na espinha e olhei para ele apavorado! Ele também olhou para mim com muita tristeza, mas se abaixou, pegou o facão... e só então entendi tudo: eu é que ia ser sacrificado!

Fechei os olhos e inclinei a cabeça. "Deus sabe o que faz", pensei.

– Adeus, papai... – murmurei.

De repente surgiu uma luz muito forte e uma voz gritou:

– Abraão, Abraão!

Papai respondeu:

– Aqui estou!

A voz prosseguiu:

– Não estenda a mão contra o menino! Não lhe faça nenhum mal! Agora sei que você teme a Deus, pois não me recusou seu único filho!

Pensei que ia desmaiar de tanta emoção!

Escutamos então um balido. Era um carneiro, que havia ficado preso num arbusto. Papai me soltou, nós pegamos o carneiro e o sacrificamos. Nós nos abraçamos chorando, pulamos e cantamos de alegria.

Ainda bem que o anjo do Senhor apareceu!

Já se passaram sete dias desde então. Meu pai voltou a ser o de sempre, continua trabalhando e cumprindo suas responsabilidades. Mas agora eu olho para ele de um modo diferente. Sei que ele me ama muito, mas descobri que ele é um gigante de fé, maior ainda do que eu pensava. Também compreendi as promessas que Deus havia feito.

Por aqui, todos dizem: "Isaac é um rapaz de sorte. Será herdeiro de um pai rico e poderoso". Mas eu não ligo pra isso. O que eu quero mesmo é que ele me ensine a ser e amar a Deus como ele.

**Se você gostou desta história leia na Bíblia:
Gênesis, capítulos 21,1-7 e 22,1-9.**

Lá vem o sonhador!

A história de José

Oi, você está aí querendo saber da minha história? Tudo bem, eu vou contar.

Nossa! Já faz uns cinco anos, mas parece que foi ontem... Que história a minha! Agora eu entendo, mas naqueles momentos terríveis eu sofri muito, fiquei abalado mesmo!

Hoje moro aqui, na corte do Faraó do Egito, que me nomeou seu primeiro-ministro e me chama de Safenat Fanec. Na verdade meu nome é José. Sou hebreu, filho de Jacó, e é assim que gostaria de continuar minha vida, diante de Deus e das pessoas. Os enfeites de ouro que eu uso, para mim não têm a menor importância.

Você não deve estar entendendo nada, não é? Calma! Eu explico...

Tudo começou quando eu tinha dezessete anos.

Certa manhã, meu pai me mandou procurar meus irmãos que estavam nos campos de Siquém, apascentando os rebanhos.

Você tem irmãos? Eles gostam de você? Então você tem muita sorte! Eu tive onze, mas eles não gostavam de mim. É chato ter que dizer isto, mas é a pura verdade: meus irmãos tinham muita inveja de mim, talvez porque meu pai, às vezes, parecia demonstrar um amor maior por mim... E depois, ainda, surgiu o problema dos meus sonhos...

No primeiro, sonhei que estávamos no campo, amarrando feixes de trigo. De repente, o meu feixe se levantou e ficou em pé, rodeado pelos outros feixes, curvados diante do meu. Depois sonhei que o sol, a lua e onze estrelas se curvavam diante de mim como escravos.

Quando contei os meus sonhos para os meus irmãos foi uma tragédia! Eu não tinha intenção de me mostrar superior a eles. O problema é que não conseguia guardá-los só para mim, porque sentia que vinham de Deus.

– Seu sonhador! – gritavam, com desprezo, os meus irmãos.

Eles pareciam me odiar... Mas eu não tinha feito nada contra eles! Pelo contrário, sempre gostei deles, como continuo gostando até hoje.

Certa manhã, cheguei em Dotain, lugar para onde eles tinham ido depois de saírem de Siquém. Assim que os vi, acenei de longe. Chegando mais perto, porém, pressenti que havia algo estranho no ar. Estavam cochichando entre si enquanto me olhavam de um jeito misterioso.

– Oi, irmãos! – cumprimentei.

– Chegue mais perto – disse um deles.

Achei estranho, mas fui me aproximando devagar. Quando estava ao alcance da sua mão, ele me agarrou pelo ombro. Fiquei com muito medo, mesmo eles sendo meus irmãos.

– Seu sonhador...! – gritou outro, sorrindo ironicamente.

– Vamos matá-lo! Depois, diremos ao nosso pai que uma fera o devorou. Veremos, então, para que servem os seus sonhos! – disse um terceiro.

Eu não podia acreditar no que estava ouvindo! Que coisa horrível!

– Meus irmãos! – gritei desesperado.

Pensei em nosso pai... Olhei para Rúben e Judá em busca de socorro, porque éramos mais chegados. E, de fato, Rúben disse:

– Não podemos matá-lo... É nosso irmão! Vamos jogá-lo naquele poço vazio no deserto.

Foi o que fizeram! Arrancaram minha linda túnica de mangas longas, que meu pai havia me dado de presente, e me jogaram no poço sem água. Gritei, implorei por socorro, mas foi

tudo em vão. Lá em cima, eles comiam um lanche na maior tranquilidade.

Esperava que alguém ficasse com remorso, que mudassem de ideia... De repente, escutei a voz de Judá:

– Ei, vejam! Uma caravana de mercadores! Parecem ismaelitas... Por que não vendemos José como escravo? Para nós seria um bom negócio e não mancharemos nossas mãos com o sangue dele.

Todos concordaram.

Meu coração disparou, estava a ponto de explodir. Chorei outra vez, supliquei, mas inutilmente.

Eles me tiraram do poço e negociaram com os mercadores. Um dos ismaelitas examinou meus músculos, como se eu fosse um animal que estivesse à venda. Depois, me comprou por vinte moedas de prata.

Fiquei arrasado, pensando em como meus irmãos podiam ter um coração tão duro como pedra a ponto de fazer aquilo comigo e deixar que meu pai pensasse que eu havia morrido.

Ficaram ali parados, olhando, enquanto o mercador me levava para a caravana. Nem me virei para trás para olhar para eles. Eu não estava sentindo ódio de meus irmãos, só uma profunda tristeza... Como aquilo tudo podia estar acontecendo?

Caminhei... caminhei muito... As estrelas indicavam que Dotain ia ficando para trás, cada vez mais longe. O mercador mantinha os olhos pregados em mim. Por duas vezes chegou a bater em mim com o açoite, para que eu andasse mais rápido. Nossa, que viagem!

Eu não sabia o que fazer... Cheguei a pensar numa fuga louca para morrer sozinho, mas então pensei em Deus e ouvi uma espécie de sussurro em meu coração: "José, não tenha medo! Estou com você".

Aos poucos, enquanto seguíamos sempre em direção ao Sul, uma estranha paz começou a nascer dentro de mim, como se com aquela aventura terrível, cujo final eu desconhecia, fosse o sinal de que algo grandioso iria acontecer para todos.

Agora entendo melhor...

Quando chegamos ao Egito, fui vendido a Putifar, ministro e chefe da guarda do Faraó. Logo conquistei a confiança dele, porque conseguia realizar com perfeição todas as tarefas. Com a ajuda de Deus, eu me saía bem em tudo. Mas depois fui caluniado e Putifar me mandou para a prisão. Novamente vivi dias difíceis.

Na prisão, porém, conheci o copeiro e o padeiro do Faraó. Interpretei os sonhos deles e tudo aconteceu exatamente como eu havia explicado. Dois anos depois o Faraó teve um sonho estranho, com vacas gordas e outras muito magras, e isso o deixou perturbado. Então o copeiro, que já estava em liberdade, se lembrou de mim. Fui levado à presença do Faraó e interpretei o sonho dele. Disse que Deus estava lhe mostrando que o Egito passaria por sete anos de fartura e sete anos de fome. Foi uma vitória! O Faraó me libertou da cadeia e aqui estou eu, Safenat Fanec, ou melhor, José, que significa "Deus engrandece".

Gostaria muito que meu pai soubesse que estou vivo e se orgulhasse de mim... Mas tenho certeza que Deus vai me ajudar a reencontrar minha família – meu pai e meus irmãos. E sei que então viveremos juntos e felizes de novo.

**Não perca os detalhes desta história
nos capítulos 37, 39, 40 e 41 do livro do Gênesis.**

Audiência com o Primeiro-Ministro

A história de Benjamim

Aqui estou eu, no Egito! Não me canso de olhar ao redor e admirar o luxo deste lugar... O palácio, as pessoas, os servos... E pensar que meu irmão José é quem manda em tudo isso! Até parece um sonho.

Bem, deixe eu me apresentar: meu nome é Benjamim, filho de Jacó e neto de Isaac, que era filho de Abraão. Meu pai teve doze filhos. Eu sou o caçula e, por isso, meu pai sempre teve por mim um cuidado especial. Meu nome significa "filho do bom futuro". Foi ele quem o escolheu. Antes de mim vinha José, mas durante muito tempo pensamos que ele tivesse morrido, devorado por animais ferozes.

Cresci na Palestina, um lugar lindo, junto aos pastores do meu pai. Ele tinha tantos rebanhos...! Eu adorava correr pelos montes e pelas colinas floridas. O céu era sempre tão azul! Até que chegou uma grande fome em nossa terra.

Foi terrível! Parou de chover e o vento quente do Oriente soprava com força, secando tudo: os pastos ficaram amarelos; os campos pareciam queimados e as espigas de trigo cresciam sem darem um só grão... Tristeza como aquela é difícil esquecer. Não havia comida suficiente para as pessoas nem para os animais. Eu ainda era pequeno, mas me lembro bem da situação.

Um dia, meu pai reuniu meus irmãos, já desesperados pela seca, e disse:

– Por que vocês ficam aí parados, olhando um para a cara do outro? Ouvi dizer que no Egito ainda há trigo. Vão até lá comprar! Não podemos ficar aqui parados, morrendo de fome.

Esse foi o começo de uma história inacreditável! Meus irmãos partiram, mas eu, sendo o caçula, fiquei em casa fazendo companhia a meu pai, como ele tinha ordenado:

– Benjamim vai ficar aqui comigo. Tenho medo que lhe aconteça alguma desgraça.

Logo que chegaram ao Egito, começaram as aventuras! Meus irmãos foram à procura do poderoso Primeiro-Ministro do Faraó, encarregado de vender o trigo às pessoas que chegavam para negociar, e foram muito mal recebidos. Na hora, eles não entenderam o motivo, mas agora sabemos que estavam sendo testados.

– Vocês são espiões – disse a eles, em tom ameaçador, e mandou prendê-los por três longos dias. Com egípcios não se brinca! Meus irmãos ficaram com medo de morrer...

Por fim, o Primeiro-Ministro os soltou, mandou encher as sacas deles de trigo e permitiu que eles voltassem para casa, mas manteve Simeão, um dos meus irmãos mais velhos, como refém.

Quer saber o que ele queria em troca para soltar Simeão? Eu! Queria que eles voltassem ao Egito, me levando junto com eles. Caso contrário...

Quando chegaram e contaram essa novidade ao nosso pai, foi uma tragédia! Ele ficou desesperado, reclamou, mas depois confiou na providência de Deus e me deixou partir com

meus irmãos, mas ficou desolado. Até agora me emociono só de lembrar!

Assim, partimos rumo ao Sul. Quando chegamos, fomos levados à presença do poderoso Primeiro-Ministro. Eu nem ousava levantar os olhos. Mas ele mandou me chamar em particular. Não sei como explicar, mas naquele instante, meu medo passou. Senti que Deus estava comigo. Então, me aproximei tranquilo e ele me disse:

– Deus lhe conceda sua graça, filho.

Fiquei mudo! Percebi que ele estava muito emocionado, mas não entendi o porquê. Sentamos à mesa e vi que me serviam uma porção cinco vezes maior que a dos meus irmãos. Um deles sussurrou:

– Benjamim, estão tratando você como um príncipe!

E aquilo continuou... Se você tivesse visto! Era de deixar qualquer um de boca aberta!

Finalmente prepararam os sacos de mantimentos que íamos levar. Como tínhamos pressa, partimos logo. Eu ainda estava meio atordoado. Mas não pense que a aventura terminou aí.

Lá pelo meio do caminho, os soldados do Ministro chegaram a galope, em meio a uma enorme nuvem de poeira. Foi um momento de tensão.

– Parem! – gritaram, pulando dos cavalos e bloqueando o caminho. E se puseram a revistar a carga de mantimentos que levávamos. Abriram os sacos e, justamente no meu, encontraram uma preciosa taça de prata do Primeiro-Ministro, como se eu a tivesse roubado!

Eu caí das nuvens! Meus irmãos protestaram e juraram que eu era inocente, mas foi inútil! Não nos restou outra saída a não ser dar meia-volta e retornar à cidade, apavorados. Diante do Primeiro-Ministro, fomos interrogados. Meus irmãos afirmaram que, se eu não voltasse com eles, nosso pai, Jacó, morreria do coração.

Então, de repente, o Ministro mandou que todos saíssem da sala. Quando ficou a sós conosco, caiu em lágrimas e disse:

– Sou José, o irmão de vocês!

Aquilo nos atingiu como um terremoto!

A seguir, ele se aproximou de mim, me abraçou e me beijou. Eu não entendi nada! José?! Mas ele não tinha morrido?! Que coisa incrível!

Ele nos contou a sua história. Chegara ao Egito como escravo. O Faraó o nomeara para o cargo de Primeiro-Ministro, porque Deus o ajudara, tornando-o sábio. E agora ali estava ele, bem na nossa frente. Não era para ficar de queixo caído? Como Deus é bom!

Agora estamos de partida para ir buscar nosso velho pai. Ainda não me recuperei do susto, mas estou muito feliz!

**Para aprofundar-se mais nesta história,
leia os capítulos 42 a 45 do livro do Gênesis.**

Nunca rezei tanto em toda a minha vida!

A história de Maria

Meu nome é Maria. Sou uma jovem do povo de Israel e vivo no Egito. Quero deixar claro que sou feliz por ser hebreia, porque nós conhecemos e adoramos o Deus do céu e da terra, mas aqui no Egito, onde moramos agora, o povo não acredita nele.

Meus pais são da tribo de Levi, um dos doze filhos de Jacó, filho de Isaac e neto de Abraão. Papai me contou que nosso povo viveu feliz enquanto os Faraós se lembravam de José, que era muito querido pelos egípcios pelo bem que lhes fez. Mas depois subiu ao trono um Faraó que parece ter medo de que nos tornemos fortes e poderosos demais, de que possamos nos revoltar contra ele. Por isso, a vida tem sido bem difícil para nós. Tenho rezado muito para que Deus nos ajude.

Veja só a lei que esse Faraó decretou: ordenou que os meninos que nascessem deveriam ser imediatamente mortos, porque quando crescessem poderiam se tornar guerreiros. Só as meninas poderiam sobreviver, porque seriam boas escravas.

Quantas lágrimas já foram derramadas por causa dessa lei horrível! Eu não consigo aceitar nem me conformar. Por isso, fiz uma coisa que me deixou muito orgulhosa de mim mesma...

Minha mãe ficou grávida e quando o bebê nasceu vimos que era justamente um menino! Meu irmãozinho! Ele era tão lindo...! Como é que podíamos cumprir a lei do Faraó? Nem pensar! Mas o que podíamos fazer?

Escondemos o bebê durante algum tempo. Com três meses ele já era esperto e muito fofo. Porém não podíamos deixar que ninguém desconfiasse que ele estava vivo. Então, mamãe e eu nos pusemos a rezar, até que ela teve uma ideia:

– Vamos fazer um cesto de vime e untá-lo bem com betume, como se fosse uma canoa. Vamos colocar o bebê dentro dele e deixá-lo no meio dos juncos, lá no rio Nilo, perto do lugar em que as jovens da corte do Faraó costumam ir tomar banho. Você fica escondida, observando o que acontece.

Como minha mãe é inteligente! Fizemos exatamente como ela disse e fomos para o lado do rio, às escondidas. Colocamos o cesto na água e ele foi embora. Eu me ajeitei no meio da vegetação para vigiar. Meu irmãozinho ficou quietinho, embalado pela correnteza mansa do rio.

Logo depois, chegaram umas moças. Elas riam e conversavam. Espiei pela folhagem e reconheci a filha do Faraó. Meu coração batia forte no peito e eu rezava para que Deus protegesse meu irmãozinho e tivesse piedade de mim, da mamãe e de todo o nosso povo que sofria.

Não me lembro de ter rezado tanto antes! Mas senti que aquele era um momento especial, que algo misterioso, muito superior a mim e aos nossos sofrimentos estivesse acontecendo.

De repente, o meu irmãozinho se mexeu no cestinho. Ele estava bem protegido lá dentro, não ia cair... mas começou a chorar alto, parecia querer chamar a atenção. Duas das moças, escravas da princesa, escutaram o choro e correram para ver o que havia entre os juncos, na parte rasa do rio.

Eu me encolhi o mais que pude. Elas pegaram o cesto e, quando viram meu irmãozinho, soltaram gritos de surpresa. Uma delas logo o pegou no colo para levá-lo à filha do Faraó, que estava na margem do rio.

"Deus onipotente, ajudai-nos! Vinde em nosso auxílio, Deus misericordioso!"... Era tudo o que eu conseguia rezar.

Fiquei bem quietinha para escutar o que diziam. A princesa falou:

– Este bebê é hebreu! Eu vou salvá-lo!

Nesse momento, tive uma ideia genial! Saí do meu esconderijo e sugeri à filha do Faraó:

– A senhora quer que eu vá chamar uma hebreia para amamentar o menino?

Ela concordou. Você não imagina a minha felicidade! Corri para casa e contei tudo à mamãe. Nós duas chorávamos e agradecíamos a Deus.

A filha do Faraó pediu a mamãe que cuidasse do menino até que ele estivesse mais crescidinho e então o entregasse a ela.

E assim foi. Meu irmãozinho voltou para nossa casa com a mamãe. Depois de alguns meses, quando nós o levamos à filha do Faraó, ela quis lhe dar o nome de Moisés, que significa "salvo das águas". Pelo jeito como ela olhava para ele, eu tive certeza de que iria cuidar como se fosse seu filho.

Estou certa de que tudo isso estava nos planos de Deus, porque nada acontece conosco por acaso. Sei que o Onipotente nunca nos abandona!

Agora Moisés está sendo bem cuidado e fico feliz. Não porque ele será alguém importante, mas porque, à noite, quando passeio pela margem do rio e rezo sozinha, sinto uma alegria muito grande em meu coração. É uma coisa que eu não sei explicar. É como se estivéssemos num lugar diferente e maravilhoso, com todo o povo reunido sobre um monte, cantando louvores a Deus!

**Você vai encontrar esta bela história
nos capítulos 1 e 2, versículos 1 a 10 do livro do Êxodo.**

Tenho tudo,
mas não é o bastante

A história de Moisés

Estou aqui no terraço do palácio em que fui criado, olhando tudo pela última vez, me despedindo em silêncio. Sei que vou ter de ir embora. Não vou mais poder ficar aqui, depois do que aconteceu há poucos dias.

Ainda que eu tenha vivido no luxo e na riqueza, que pudesse um dia me tornar um homem poderoso, não fico triste por ir embora. Aliás, faz tempo que eu sinto a necessidade de levar uma vida diferente, mais livre e verdadeira.

Eu me chamo Moisés. Esse foi o nome que a filha do Faraó me deu quando me salvou das águas do Nilo. Quando eu era bebê, fui colocado num cesto de vime e deixado às margens do rio para escapar da morte certa, pois o Faraó havia decretado uma lei que condenava à morte os hebreus recém-nascidos do sexo masculino.

A vida tem sido difícil para o povo hebreu aqui no Egito. Somos numerosos demais, segundo o Faraó. Por isso, o povo é perseguido e condenado a trabalhos forçados.

"Moisés" lembra nomes gloriosos para os egípcios, porque houve reis de nome parecido: Ah-mose, Tut-mose... Eu, porém, prefiro a pronúncia em hebraico, porque meu nome significa "salvo das águas".

Cresci no meio do povo egípcio, gente inteligente, alegre, mas diferente dos hebreus. Vi muitas coisas e aprendi bastante com eles. Os gigantescos túmulos dos Faraós em forma de pirâmide, a escrita antiga dos hieróglifos, os segredos religiosos, a língua... Minha educação foi a de um príncipe, mas não me sinto satisfeito.

Não posso renunciar a minha origem. Nossa história relembra Abraão, Isaac, Jacó. Não adoramos o sol, como todos aqui, desde o faraó até o mais humilde camponês. Sabemos que Deus não é o sol, o céu, muito menos um ser humano ou, pior, um animal ou uma pedra.

Deus é o amigo dos nossos antepassados, e sempre que penso nisso faço uma oração... Gostaria muito que se revelasse vivo como nós. Quantas vezes rezei sob as estrelas que cintilam no céu! No entanto, nada acontece, e meu povo continua a ser oprimido.

E de tanto ver injustiças acabei perdendo a cabeça... E agora eu vou ser condenado à morte! É por isso que eu tenho que ir embora desta cidade, e rápido.

Vou contar o que aconteceu...

De vez em quando eu costumo visitar meu povo, e cada dia a situação parece pior. A vida para eles está se tornando insuportável. O Faraó impôs um regime de trabalho tão duro que não podem nem levantar a cabeça. Assim eles não podem pensar em conversar, então não se tornam perigosos.

Dias atrás, quando eu passava por um lugar em que dois hebreus estavam amassando a argila para fabricar tijolos, percebi que um deles cambaleou e caiu. Imediatamente, um guarda egípcio começou a bater nele, sem a menor compaixão! Fiquei

cego de raiva! Covardão! Onde já se viu bater num homem caído? Então, parti para cima dele, tomei o porrete das suas mãos e bati nele com toda a minha força.

Ele não se levantou mais... então o escondi na areia.

No dia seguinte, vi dois hebreus brigando. Corri para apartar a briga, mas um deles gritou:

– Quem chamou você para ser juiz? Vai matar a gente também, como fez ontem com o egípcio, vai?

Fiquei assustado! Se continuarem falando desse jeito sobre aquela fatalidade, a notícia logo vai chegar na corte do Faraó, se é que já não chegou... E aqui a lei é rígida: vida se paga com vida.

A verdade é que, apesar de ter nascido e ser criado no Egito, não posso continuar a viver aqui. Nunca fui escravo, mas meu povo é muito maltratado.

Cada vez mais entendo que existem várias formas de escravidão: a de quem trabalha e sofre, e aquela dourada, de quem vive como eu, com tudo do bom e do melhor, podendo escolher a profissão, virar um escriba culto e respeitado, mas tendo que esquecer minhas origens, esquecer que sou hebreu, devoto do Deus dos meus pais. É um preço muito alto!

Por isso, e antes que os guardas do Faraó me prendam, vou embora logo que anoitecer. Vou para bem longe, para um lugar onde eu possa ser livre. Isso significa deixar para trás esta casa, comida e bebida à vontade, empregados e mordomias. Mas, como eu disse, não estou ligando nem um pouco para toda essa comodidade. Eu fico é envergonhado de viver essa vida de rico, enquanto meus irmãos são obrigados a trabalhar tanto.

Meu nome é Moisés, "salvo das águas". Mas já faz tempo que eu me pergunto por que fui salvo. Para virar um egípcio? Acho que não. Para virar um hebreu aristocrata? Também não.

Não sei mesmo por que fui salvo das águas. Algum motivo deve haver, e quero descobrir. Mas sei que só vou conseguir se eu for embora, deixar tudo isso para trás. Acho que preciso ficar um tempo sozinho, rezar, passar um pouco de fome e de sede para me sentir pobre diante de Deus.

Quero ser mais irmão dos meus irmãos, e sei que vou conseguir. Eu quero e vou chegar lá, tão certo como meu nome é Moisés...

Leia esta história no capítulo 2,11-15 do livro do Êxodo.

De repente, acordei!

A história de Samuel

Se alguém me perguntasse: "Samuel, qual foi o momento mais bonito da sua vida?", sabe o que eu responderia, sem nem pensar?

Pois eu vou contar a você... Mas vou começar do início.

Minha família mora nas montanhas de Efraim, região central da Palestina. Meu pai se chama Elcana. É homem muito bom, ótimo pai e acredita muito em Deus. Quando quer rezar, ele vai até o Santuário de Silo.

Certa ocasião, ele e a minha mãe, Ana, foram ao Santuário rezar. Ela suplicou a Deus, com toda a sua alma, que ele lhe concedesse um filho e prometeu que se tivesse, iria consagrá-lo a Deus.

Sua oração foi atendida e aqui estou eu. Mamãe cumpriu a promessa e fui consagrado a Deus. Por isso, moro em Silo desde pequeno. Sinto-me feliz aqui.

Comecei muito cedo. Quando eu ainda era criança, mamãe me fez uma túnica branca de linho e aprendi a ajudar o sumo sacerdote Eli e seus filhos, Hofni e Fineias, também sacerdotes do Santuário. É um trabalho muito bonito, sabia?

Aprendi que Deus é grande e bom. Para agradá-lo basta amá-lo, obedecer-lhe de todo o coração e escutar sua presença silenciosa quando a noite cai e a primeira estrela desponta no céu, ou de manhã, quando a luz novamente nos enche de vontade de viver e cantar.

Servir a Deus é o que mais gosto de fazer. Mas outro dia aconteceu uma coisa de arrepiar!

Eu tinha acabado meu trabalho no Santuário e já estava escurecendo. Então fui me deitar, como sempre, lá dentro do templo, onde fica guardada a arca de Deus.

Antes de dormir, rezei como costumo fazer todas as noites, para agradecer pelo meu dia. Pedi ao Senhor que abençoasse meus pais, o sacerdote Eli e os meus amigos. Logo depois, caí no sono.

De repente, acordei e percebi que alguém me chamava:

– Samuel!

Pensei que era Eli. Ele já está velhinho, cansado e não enxerga bem. Então, quando precisa se levantar, ele costuma me chamar. Por isso, levantei e corri até ele.

– Estou aqui. O senhor me chamou?

Mas, para minha grande surpresa, Eli respondeu:

– Não chamei, não, meu filho. Vá se deitar.

Muito estranho... Eu tinha certeza de ter escutado uma voz. Voltei para a cama e logo adormeci. Mas, minutos depois, escutei novamente:

– Samuel!

Não era sonho. Alguém estava mesmo me chamando. Levantei correndo e... pode acreditar: aconteceu exatamente como da primeira vez. Eli me garantiu que não tinha me chamado e me mandou novamente para a cama.

Eu não estava entendendo nada, mas obedeci. Mas desta vez fiquei prestando atenção e, pouco depois, pela terceira vez, uma voz muito clara me chamou:

– Samuel!

Não resisti e fui até Eli. Dessa vez ele ficou pensativo e me disse, muito sério:

– Vá se deitar e fique quietinho. Se alguém chamar você de novo, diga: "Fala, Senhor, que o teu servo escuta".

Ele compreendeu que era o próprio Deus que estava me chamando.

Fiquei com um pouco de medo, confesso. Afinal, ainda sou apenas um garoto. O que Deus iria querer de mim? Mas Eli é sacerdote e entende dessas coisas, então obedeci.

Mais uma vez, e agora eu estava bem acordado, escutei a voz:

– Samuel! Samuel!

Ajoelhei e repeti o que Eli havia dito. Meu coração batia forte, e eu senti uma misteriosa sensação de respeito, e não tive mais medo algum. Eu estava era feliz. Como é maravilhoso sentir-se chamado por Deus!

A voz era séria, mas bondosa, e me disse coisas muito importantes:

– Preste atenção. Vou fazer uma coisa em Israel que vai ficar zunindo no ouvido de todos os que a ouvirem.

Deus prometia grandes acontecimentos. Também disse que estava descontente com Eli e seus filhos, porque não o serviam como deviam. Isso me deixou triste, porque gosto muito de Eli. Afinal, foi ele quem me ensinou a servir no templo. Mas eu sabia que quando Deus fala assim, faz promessas e mostra seu julgamento, é preciso ajoelhar, abaixar a cabeça e agradecer, porque ele é o Altíssimo e nós somos muito pequenos.

"O Senhor é o Deus que tudo sabe e suas obras são perfeitas". Muitas vezes tinha rezado desse jeito. E naquela noite repeti essa mesma oração.

A voz se calou e deitei de novo. Aquela voz não me saía da cabeça. Meu coração estava palpitando pelo que tinha acabado de acontecer. Eu percebi que Deus me chamava e aquilo era maravilhoso.

De manhã, fui procurar Eli. Eu não tinha coragem de contar tudo, mas ele me ordenou que falasse. Não foi fácil, mas se era o que Deus queria, se ele tinha me chamado pelo nome e confiado em mim, eu não podia dizer não...

Não quero nunca mais esquecer dessa noite!

Os detalhes desta história você pode ler nos capítulos 1; 2,18-19 e 3 do primeiro livro de Samuel.

Por que logo eu?

A história de Davi

Ainda não consigo acreditar! Parece impossível, mas é verdade: tudo isso realmente aconteceu! É melhor contar tudo desde o início, assim talvez também eu consiga entender alguma coisa.

Então aí vai, tim-tim por tim-tim...

Meu nome é Davi. Sou filho de Jessé e tenho sete irmãos, todos superlegais. O mais velho, Eliab, é tão grande e forte que todos o tratam como se ele fosse um príncipe.

Moramos em Belém. Somos pastores e agricultores. Não nos interessamos muito por política. Ou melhor, não nos interessávamos, até há pouco tempo, quando o famoso juiz Samuel veio nos visitar.

Mas vamos seguir a ordem das coisas. Há uns dias, eu estava cuidando dos rebanhos, como de costume. Eu gosto de ser pastor e tenho um carinho especial pelos cordeirinhos. São tão pequeninos e frágeis, mas também tão espertos... Uma das minhas diversões favoritas é pegar um deles no colo e sair caminhando, enquanto a mãe ovelha vai andando atrás de mim, balindo sem parar, mesmo que saiba que não vou fazer mal algum ao seu filhote.

Como eu ia dizendo... Outro dia eu estava com os animais e percebi que eles estavam um tanto inquietos. Pensei que estavam pressentindo alguma fera à espreita. Não que eu estivesse com medo, acredite. Posso ser apenas um adolescente, mas tenho duas grandes habilidades: sou imbatível em atirar pedras com a funda e mais ágil que o leão se tiver de lutar. Mais de uma vez enfrentei animais selvagens para salvar minhas ovelhas. Fiquei bem alerta e então ouvi um barulho, como se fosse alguém correndo. "Com certeza não é uma fera", pensei comigo.

De fato, era um empregado lá de casa, que chegou correndo com uma mensagem urgente:

– Seu pai está chamando! Ele mandou você voltar imediatamente para casa. O profeta chegou e está lhe esperando.

Eu já sabia que era o juiz Samuel, que também era chamado de profeta. Mas procurando por mim? Ele vivia com o rei Saul e nem devia saber que eu existia. O que ele podia querer de mim? Aquilo parecia impossível.

Mas o servo insistiu:

– Venha rápido, só estão esperando você para o almoço!

O que você faria se estivesse em meu lugar? Larguei o rebanho com o servo e saí correndo. Voei até minha casa, que nem um relâmpago.

Quando entrei, percebi de cara o clima solene. De pé, no meio da sala, a figura veneranda de Samuel com uma expressão compenetrada. Diante dele estava meu pai, muito sério, e ao redor deles os meus irmãos, com umas caras muito esquisitas.

Assim que meu pai ouviu meus passos, virou-se rápido.

– Esse é Davi! – disse ao profeta, apontando para mim.

Eu fiquei olhando para eles, um tanto espantado. Era verdade, estavam realmente à minha espera. Samuel virou-se para mim e me olhou de um jeito tão penetrante que jamais esquecerei. Então, o rosto do profeta iluminou-se e ele disse, com firmeza:

– É ele!

Meus irmãos entreolharam-se, deram umas risadinhas e balançaram a cabeça. Samuel tinha sido claro, só que eu não estava entendendo nada...

– Aproxime-se – disse o profeta inspirado por Deus.

Olhei para meu pai, e ele acenou como se dissesse: "Não tema". Aproximei-me e então aconteceu algo incrível: Samuel pegou uma vasilha cheia de óleo e me ungiu a cabeça, dizendo solenemente:

– Davi, filho de Jessé, eu o consagro neste dia; você pertencerá ao Senhor, para o bem do seu povo.

Até aquele momento eu estava ali, parado, meio atordoado e indeciso, sem entender bem o que estava acontecendo. Mas quando o óleo escorreu nos meus cabelos e o profeta pronunciou aquelas palavras, senti de repente uma segurança e uma força tão grandes, que era como se eu não fosse mais a mesma pessoa. E ainda era eu mesmo... Foi uma coisa incrível!

Olhei para todos e, em seguida, para Samuel. Ele me olhava fixamente. Então, murmurei:

– Assim será. Pertencerei ao Senhor, para o bem do meu povo.

Senti então uma vontade incontrolável de chorar, não de tristeza, mas de emoção, orgulho, sei lá.

Meu pai, que não estava mais conseguindo esconder sua felicidade, bateu palmas e ordenou que fosse servido um banquete. Os servos trouxeram comida e bebida e todos ficaram contentes.

Comi, bebi e toquei cítara, que também toco muito bem. Mas o que eu queria mesmo era ficar sozinho para pensar em tudo aquilo e rezar. Compreendi que o Senhor tinha planos especiais para mim. Eu fui consagrado a ele!

Samuel levantou-se para ir embora e eu o acompanhei. Ele se virou para mim e vi em seus olhos uma bondade imensa. Depois, ele me disse:

– Não tenha medo, Davi. Só espere, por enquanto. Eu também fui chamado por Deus quando ainda era um garoto.

Então o profeta foi embora e eu fiquei ali parado, seguindo-o com o olhar. Senti brotar em meu coração uma sensação nova, como se eu estivesse destinado a fazer grandes coisas.

**Vale a pena ler a história de Davi
no capítulo 16,1-3 do primeiro livro de Samuel.**

Já imaginou um gigante?

Continuação da história de Davi

Oi, voltei porque não podia deixar de contar sobre o meu combate contra o terrível gigante filisteu.

Como? Você não sabe quem são os filisteus? Ah, eu vou explicar. Eles não são flor que se cheire, sabe? Contam que eles vieram pelo mar, há muito tempo, e passaram a morar aqui, bem no lugar em que vivemos. Lutamos contra eles centenas de vezes. Algumas vezes ganhamos, outra vezes fomos derrotados e, numa dessas lutas, chegaram até a levar a arca do Senhor. Foi uma vergonha para o nosso povo.

Nosso rei, Saul, liderou uma batalha vitoriosa, há algum tempo, mas essa guerra parece que nunca vai ter fim. E, então, coube a mim enfrentar o gigante Golias...

Mas estou me antecipando. Deixe eu contar tudo desde o começo.

Eu estava em Belém, cuidando do rebanho, quando um mensageiro de Saul chegou correndo. Procurava meu pai, Jessé, para dizer:

– O rei quer que Davi vá tocar cítara para ele. Ele precisa se acalmar quando se sentir agitado e desorientado pelo seu mau espírito.

Eu? Tocar cítara para o rei? Imagine só que honra! Pulei de alegria!

Minha cítara é muito bonita, feita de cipreste, e dizem que eu toco muito bem.

Quando a noite cai, sento na frente de casa, olhando para as colinas, e dedilho as cordas já entrevendo o clarão do luar. Então meu coração se transforma.

Adoro tocar para Deus, fazer chegar a ele os sons vibrantes, agudos e graves. É como se o ar se enchesse de alegria e beleza. É como eu disse antes: sou muito bom com a minha cítara e a minha funda. Com elas, seria capaz de ir até o fim do mundo! E, realmente, as duas foram muito úteis neste episódio.

Parti com o mensageiro de Saul. Fomos conduzidos à presença do rei, que nos recebeu com grande simpatia. Ficou encantado com minha música e me nomeou seu escudeiro.

Os filisteus haviam voltado, e desta vez o desafio me parecia impossível.

Estávamos no vale do Terebinto, a vinte quilômetros do meu povoado, Belém. Eles estavam em Soco de Judá.

De repente, enquanto nos preparávamos para a batalha, um soldado saiu do meio do exército dos filisteus... Quer dizer, soldado é modo de dizer!... Aquilo era um gigante, isso sim! Parecia um pesadelo, como quando se sonha que uma fera gigante vai devorar a gente. É isso aí! Só que eu não estava sonhando. Era tudo verdade mesmo.

Ele avançava sozinho, mais parecia uma montanha... tump, tump, tump, com passos enormes, revestido de armadura e um elmo imenso de bronze, carregando uma lança grossa como um tronco de árvore, na ponta uma lâmina de ferro que devia pesar uns seis quilos.

Absolutamente inacreditável! Já imaginou um gigante de três metros, vestido com uma couraça de uma tonelada? Pois ele era assim.

Nós, israelitas, ficamos olhando para ele apavorados. De repente, ele estacou e gritou:

– Eu sou Golias, de Gat. Desafio um de vocês, não importa quem seja, para um duelo. Se ele vencer, os filisteus serão seus escravos; se eu vencer, os escravos serão vocês.

Fez-se um silêncio de morte. Um burburinho percorreu todo o nosso grupo. Havia medo, terror mesmo. Ninguém respondia, pois o espanto era geral.

O rei Saul ficou desesperado. Mas eu, surpreendentemente, não conseguia sentir medo. Aliás, de súbito, senti um entusiasmo tão grande que corri até Saul e disse:

– Eu vou lá enfrentar aquele filisteu!

Deus estava comigo. Caso contrário, teria sido uma loucura.

No princípio, Saul não acreditou. Eu insisti. Ele hesitou. Tornei a insistir. Por fim, consegui convencê-lo. Ele me deu a armadura dele, que tentei vestir, mas fiquei paralisado dentro dela. Além disso, era grande demais para o meu tamanho.

Então, gritei:

– Vou só com a minha funda e a ajuda de Deus.

Dito e feito. Escolhi cinco pedras bem lisas no rio. Olhei para o gigante e parti para cima dele...

Se você tivesse visto! Assim que me avistou vestido de pastor, começou a me xingar. Rangia os dentes de tanta raiva... Ficou muito ofendido... Por fim, garantiu que iria me matar com um sopro, porque aquele insulto tinha sido demais.

Quanto a mim, percebia a presença de Deus comigo. Não tive nem um pouco de medo. Então, a montanha caminhou na minha direção. Coloquei a pedra na funda e esta girou, mas girou com muita força sobre a minha cabeça... até que a pedra voou.

Foi fantástico! Eu já sabia! A pedra encravou na testa do gigante e ele caiu. Corri até ele, peguei a espada e dei o golpe final... Vitória total! Duelo vencido.

Os israelitas soltavam gritos de vitória tão fortes que seriam capazes de fazer estremecer a montanha. Os filisteus bateram em retirada, desesperados, mas nós os alcançamos e os aprisionamos.

Voltei para minha família e logo comecei a compor, do fundo do coração, um poema para agradecer e louvar a Deus. Queria gritar a todos que ele é que tinha sido o verdadeiro vencedor. Os israelitas têm fé. Estou certo de que compreenderam isso.

Jamais esquecerei uma lição como essa!

**Se quiser aprofundar-se mais nesta história,
leia os capítulos 16,14-23 e 17 do primeiro livro de Samuel.**

O mérito não é meu!

A história de uma escrava

Ah, que vontade de cantar, que vontade de dançar! Eu me sinto como um guerreiro que venceu a batalha... Esta foi mesmo uma grande vitória de Deus.

Você não deve estar entendendo nada, não é? Calma, eu vou explicar...

Sou uma jovem israelita e vivia feliz num povoado de Israel com meu pai, minha mãe e meus irmãos. O lugar era lindo, colinas, clima agradável... Até algum tempo atrás, as pessoas trabalhavam na lavoura ou executavam trabalhos simples e cotidianos. Mas hoje tudo mudou.

Bandos armados aparecem com frequência. Eles vêm do Norte, do reino de Aram, na vizinha Síria. Chegam atacando e saqueiam tudo. É terrível! Espadas cortando o ar, gritos, mortes, saques e sequestros. Foi o que aconteceu comigo. Eu estava no campo quando eles passaram e me arrastaram aqui para o Norte.

Nunca mais vi nenhum dos meus familiares. Hoje sou escrava, na casa de um senhor poderoso chamado Naamã, comandante do exército do rei.

O que eu quero contar é o que aconteceu com ele.

Naamã não era um mau patrão. Sua mulher, a quem eu servia todos os dias, era uma mulher bondosa. Talvez sentisse pena de mim quando me via triste, coisa que sempre me acontecia quando eu pensava na minha família, tão longe, além do horizonte.

Então aconteceu de Naamã ficar leproso, uma doença muito grave. Mas eu sabia de uma coisa que nem ele nem sua esposa podiam desconfiar. Em Israel havia um grande profeta, Eliseu, capaz de fazer milagres. Era muito conhecido. Todos achavam que ele fosse o sucessor do famoso profeta Elias.

Quando eu ainda vivia com meus pais, escutei muitas vezes meu pai contar histórias fantásticas: "Eliseu restaurou a fonte da água que não prestava"; "Eliseu ressuscitou da morte um jovem, filho de uma mulher de Sunam"; "Eliseu multiplicou o pão no tempo da fome".

Eu ficava maravilhada, porque sabia que o Espírito de Deus morava em Eliseu, e eu amo muito a Deus. Eu rezo todos os dias, pela manhã! E todas as noites eu agradeço, porque sei que ele nunca me abandona.

Quer saber o que eu fiz? Disse à minha senhora:

– Tenho certeza de que se meu senhor, que está tão doente, fosse até o profeta em Samaria, ele o curaria da lepra.

– Acha mesmo? – disse ela, acreditando em minhas palavras.

Então Naamã partiu para a Samaria, carregado de presentes para o profeta: dez talentos de prata, seis mil moedas de ouro e dez túnicas.

Ficamos em casa, à espera. Minha senhora estava inquieta, ansiosa, torcendo de todo o coração pela cura de Naamã. Também me pedia que rezasse ao meu Deus. Rezei com muita fé e confiança, até que, certo dia, escutamos gritos, sons de instrumentos e cantos. Corremos para fora e vimos que estavam de volta. À frente vinha Naamã, sorridente e feliz, forte e rejuvenescido, perfeitamente curado.

Em casa a felicidade foi tão grande que nem sei descrever. Minha senhora ria e chorava ao mesmo tempo. Ela me abraçou e disse:

– O mérito é todo seu!

Mas eu insistia que Deus é quem o tinha curado, por intermédio do profeta Eliseu. Mas ninguém me escutava, todos estavam muito contentes.

Espere! A história não termina aí. Escute o resto, o motivo de minha alegria ser tão grande.

Depois que Naamã cumprimentou a todos, mandou trazer duas jumentas carregadas, adivinhe do quê! De terra! Da mais pura e simples terra.

– Essa terra é de Israel – explicou muito sério. – Depois da minha cura, passei a crer no Senhor Deus de Israel. De hoje em diante, vou oferecer sacrifícios apenas nesta terra bendita.

Todos ficaram surpresos, mas demonstraram o maior respeito. A alegria não cabia em mim. Era a vitória do Deus santo e bondoso de Israel!

Mais tarde, Naamã contou tudo o que tinha acontecido:

– Logo que cheguei, o homem de Deus disse que se eu quisesse ficar curado deveria ir ao rio Jordão e banhar-me sete vezes. Só isso. Confesso que esperava outra coisa! Fiquei com muita raiva e fui-me embora. Pensei em voltar para casa. Eu me sentia exposto ao ridículo... Mas os servos me disseram que se o profeta tivesse me pedido outra coisa, eu teria feito. Por que, então, não o escutava, já que era algo tão simples? Então, parei para refletir: eu não tinha mesmo nada a perder. Na pior das hipóteses, não iria acontecer nada. Então fui até o rio, mergulhei sete vezes na água e aqui estou, completamente curado! E o profeta não quis aceitar nem uma moeda sequer como recompensa! Mas eu passei a acreditar no Deus dele.

Então? Não é uma história sensacional? Para mim é fantástica!

Minha senhora me deu de presente uma roupa nova e um enfeite de ouro. Mas o mais importante para mim é a vitória do profeta. Quem sabe, um dia, eu consiga voltar para Israel e contar a ele a minha alegria?

Você gostou desta história?
Então, procure-a no capítulo 5,1-9 do segundo livro dos Reis.

Têm coisas que não acontecem com qualquer um...

A história de Joás

Meu nome é Joás e tenho catorze anos. Posso parecer muito jovem, mas já faz sete anos que sou rei! Isso mesmo, sou rei de Judá, da dinastia de Davi, que reinou gloriosamente antes de mim há mais de trinta anos. Não é uma coisa comum e são poucos os garotos que viveram algo assim.

Quero contar a minha história. Não sei até quando serei rei, nem se vou morrer no trono. A história do meu reino é complicada, mas gostaria que você também conhecesse meus projetos. Não que eu queira ficar famoso, não estou ligando para isso. É que, já que sou rei, gostaria que no futuro dissessem: "Joás foi um bom rei, que governava de acordo com a lei de Deus".

É isso mesmo. Faço questão de que todos saibam que esse é o meu projeto.

Naturalmente, a primeira coisa que você vai dizer é que quem me fez rei aos sete anos devia estar louco. Você tem toda a razão, mas é preciso saber primeiro como isso aconteceu.

Antes de tudo, não esqueça que nós, israelitas, temos como princípio servir a Deus e viver da melhor maneira possível aos seus olhos. Por isso, para um rei ser bom ele deve seguir essa norma. Se o rei começa a se esquecer de que Deus existe, se ele deixa seu povo entregue à idolatria e permite que seja infiel, é um péssimo rei.

Pois bem, antes de mim, Josafá reinou sobre Judá durante vinte e cinco anos. Foi um bom rei. Mas depois dele as coisas desandaram. Posso dizer isso porque aprendi bem a história do meu povo. Após Josafá veio seu filho Jorão, que só praticou o mal aos olhos de Deus. O mesmo fez seu filho Ocozias, meu pai.

Parece ruim, não é mesmo? Mas o pior ainda estava para acontecer. Fui salvo por um milagre e pela coragem de Josaba, uma tia que sempre me quis muito bem.

Preste atenção, porque esta história é incrível, mas juro que é verdadeira...

Minha avó paterna, Atalia, sempre me pareceu muito durona; até cheguei a achar que ela não tinha coração e mantinha distância dela. Mas nunca imaginei que pudesse ser tão perversa. O fato é que ela tomou uma decisão terrível. Fico revoltado só de pensar! Ela resolveu exterminar toda a família do seu filho para poder se tornar rainha. Já pensou? Foi uma loucura! E fez pior ainda: mandou matar todos os netos. Eu fui o único que escapou, porque era bebê e minha tia Josaba me escondeu, com minha ama, num quarto junto ao templo. Que medo ela passou naquele tempo! Vivi ali escondido durante sete anos, enquanto minha avó se ocupava em massacrar o povo.

Certo dia o sacerdote Joiada resolveu agir. Organizou habilidosamente um golpe de Estado. O povo logo se juntou a ele e me aclamaram rei. Lá estava eu, uma criança, com a coroa e as insígnias, sendo consagrado por Joiada. Atalia, enfurecida, apareceu na consagração, mas não deu em nada! Ninguém ficou do seu lado. E, quando ela saiu do templo, foi morta.

Entendeu agora a minha história?

Mas ainda quero explicar uma coisa. Desde pequeno, nunca esqueci o que me contaram sobre o grande rei Davi. Sabe o que mais eu admirava nele? O fato de ter permanecido, por toda a vida, ao lado de Deus. Percebi que esse era o caminho certo para os israelitas, e principalmente para um rei. Então não perdi tempo.

O povo do reino de Judá era bom, mas inconstante demais. Viviam querendo imitar os povos vizinhos, que seguem outras religiões. Mas como Joiada me educou bem, desde o começo foi assim que reinei: seguindo a lei de Deus.

Tenho um grande sonho que pretendo realizar o mais breve possível: restaurar o templo de Jerusalém e transformá-lo de novo num lugar santo, realmente glorioso. Assim, o povo voltará para o Deus verdadeiro.

Já tomei as primeiras providências: angariar fundos, de maneira honesta, preparar tudo, contratar gente especializada e dar início aos trabalhos. Tenho que agir como o rei Salomão, pois vou precisar de pedreiros, fornecedores de madeira e pedras, operários de todo tipo para que o templo recupere o seu antigo esplendor. Quero honrar a Deus, de verdade. O que você acha disso?

Nosso povo recebeu a missão de ser o povo de Deus, e não podemos desprezar esse dom, desmerecer sua confiança. Vou rezar e me preparar, mas o meu desejo é que Deus receba a glória que ele merece, que depois será também a nossa.

Lembre-se de que esta história poderá ser lida nos capítulos 8,25-27; 11 e 12 do segundo livro dos Reis.

Adivinhe quem foi meu guia?

A história de Tobias

Eu sou Tobias. Meu nome significa "Deus é meu bem". Durante minha vida percebi que meu nome não podia ser mesmo outro.

Agora estou com quase vinte anos, mas quero recordar com você do tempo em que eu era adolescente, quando vivi a maior aventura da minha vida e compreendi que Deus nos ama muito, nos protege e vem sempre em nosso auxílio.

As coisas que me aconteceram não são tão importantes. Mas a forma como Deus quis interveio em minha vida, isso sim é fascinante!

Eu morava com meus pais, Ana e Tobit, em Nínive, uma cidade grande e cheia de judeus exilados como nós. De vez em quando, um judeu era morto. Então meu pai o enterrava, porque para nós ficar sem sepultura é quase uma maldição. Mas isso era muito malvisto pelos governantes e até os nossos vizinhos riam de meu pai, criticavam sua falta de juízo, porque afinal era perigoso. Diziam: "Foi justamente por fazer esse tipo de coisa que teve de fugir, e vejam só... ele insiste em observar a lei do Deus de Israel!".

Mas meu pai não desistia, e certo dia ele sepultou um judeu que tinha sido assassinado e largado numa praça. Quando estava voltando para casa, aconteceu uma desgraça. Ele chegou muito cansado, sentou-se apoiado no muro do pátio e acabou adormecendo. Nesse meio tempo, caiu excremento de passarinho em seus olhos e ele ficou cego.

Não bastasse a sua tristeza, ainda tinha de aguentar a zombaria: "É essa a recompensa do bem que você faz? É assim que seu Deus retribui a sua fé?". Coitado do meu pai!

Mas ele não se revoltou. Pelo contrário, nunca o vi rezar tanto como naqueles dias: "Senhor, tu és justo, e tuas obras todas são justas".

Naquele momento, por causa da sua cegueira, ele pensou em tomar providências para garantir o meu futuro. Ele se lembrou de que, vinte anos antes, havia deixado muito dinheiro com um tal de Gabael, na região da Média, e decidiu que eu devia ir pedir de volta. Era uma viagem muito longa: quinhentos quilômetros de estradas desconhecidas e perigosas.

Aqui, começa a parte mais fascinante de minha história.

– Procure alguém de confiança, que conheça bem a Média, para acompanhar você até lá – aconselhou meu pai.

Saí para ver se achava alguém. De repente, encontrei um rapaz extrovertido e simpático, que disse estar procurando trabalho. Afirmou que conhecia bem a Média, porque já estivera lá muitas vezes.

Só podia ter sido enviado por Deus! Feliz da vida, voltei para casa e contei para o meu pai, que ficou muito contente. Tudo correu bem. O rapaz, que se chamava Azarias, era supereficiente. Preparamos rapidinho tudo que íamos precisar na viagem e fui me despedir dos meus pais. Minha mãe chorou, mas Azarias era tão otimista que não dava para ficar triste por muito tempo.

Ele também disse a meu pai que ele logo iria ficar curado. Encorajou a todos, enfim, e partimos seguidos pelo meu cão.

Foi uma viagem inesquecível. Conversamos sobre muitas coisas. Azarias me ajudava a entender as coisas, dizia que temos sempre de pensar e confiar em Deus. Era um ótimo companheiro de viagem. Isso eu descobri logo na primeira noite, quando chegamos ao rio Tigre e acampamos por lá. Entrei no rio para tomar banho e, de repente, um peixe enorme saltou da água e

tentou abocanhar meu pé. Gritei assustado, mas Azarias, com muita calma, disse:

– Pegue o peixe, não o deixe fugir.

Lutei um bocado, mas consegui pegar. Azarias falou para eu tirar o fel, o coração e o fígado do peixe. Percebi um tom de mistério em tudo aquilo, mas na hora não quis perguntar.

Prosseguindo a viagem, chegamos a Ecbátana, onde morava Raguel, um parente meu. Azarias sugeriu que fôssemos visitá-lo. Ainda não tinha me dado conta de que ele me guiava em nome de Deus.

Resumindo, encontramos Raguel e sua filha Sara, com quem depois eu me casei. Antes, porém, tivemos de resolver um problema. Sara já havia se casado sete vezes e todos os maridos morriam por causa de um demônio, que atormentava todo homem que se aproximava dela.

Foi aí que Azarias mostrou que sabia o que estava fazendo. Ele me disse:

– Pegue o fígado e o coração daquele peixe e vamos colocar no queimador de incenso.

Então aconteceu algo incrível: quando a fumaça subiu, e Sara e eu começamos a rezar, o demônio fugiu para sempre dali. A partir daí, muito felizes, fizemos mil planos, entre eles nosso casamento.

Azarias, sempre rápido e habilidoso, prosseguiu viagem sozinho. Quando encontrou Gabael, ele se apresentou, recebeu o dinheiro e transmitiu o meu convite para o casamento. Tudo foi arranjado rapidamente e ambos voltaram a tempo de assistirem às bodas.

Algum dias depois, decidi voltar para a casa dos meus pais. Decerto eles deviam estar preocupados com a demora, talvez até pensando que eu não estivesse mais vivo. E lá fomos nós:

eu, Azarias, Sara, o cão e uma longa caravana carregada de presentes de Raguel.

A certa altura, Azarias me disse:

– Vamos na frente para preparar a chegada dos outros.

Na verdade, ele tinha outra coisa em mente. Assim que chegamos em casa, depois de muitos abraços e beijos para matar as saudades, ele me disse:

– Coloque o fel do peixe sobre os olhos de seu pai.

Fiz exatamente como ele mandou e... aconteceu um milagre!

Meu pai soltou um grito:

– Estou enxergando! Eu estou enxergando!

Logo depois chegou Sara, minha esposa. Meus pais ficaram encantados com ela e festejamos até não poder mais. Então, chamamos Azarias para agradecer e recompensá-lo por tudo o que havia feito por nós. Com o olhar mais luminoso do mundo ele respondeu:

– Seus sofrimentos terminaram. Louvem a Deus por toda a vida, pois foi ele quem me enviou para ajudar vocês. Sou Rafael, um dos sete anjos do Senhor.

Aquelas palavras foram como um raio. Finalmente compreendemos tudo... E, enquanto Rafael subia ao céu, eu e meu pai nos ajoelhamos com o rosto no chão.

Sim, Deus é realmente o meu bem!

**Leia os detalhes desta história
nos capítulos 1,9-22; 2,1-10; 4,20-21 e 5 a 12 do livro de Tobias.**

Quem está me chamando?

A história de Jeremias

Meu nome é Jeremias, ou melhor, Irmeiah, que significa "doado por Deus". Não é um nome bonito? Foi meu pai, Helcias, que escolheu. Ele é uma pessoa de fé, é sacerdote aqui em Anatot, a poucos quilômetros ao norte de Jerusalém. Sempre ajudou muita gente a rezar e a acreditar em Deus.

Eu já perdi a conta de quantas vezes ele me contou a história do povo hebreu, os antepassados dos judeus, o povo eleito, mas eu adoro ouvir de novo.

Gosto de imaginar Abraão, Jacó, José do Egito, Moisés, Josué e, principalmente, Davi. Ele me fascina porque também foi poeta, então me identifico mais.

Mas, recentemente, aconteceu algo de excepcional, que talvez mude minha vida para sempre. Tive um chamado de Deus! Ouvi coisas que nunca nem meu pai ouviu, tenho certeza, e também tive uma visão que me encheu de medo. É sobre isso que eu quero falar.

Era de manhã e eu estava rezando, quando escutei uma voz dentro de mim que falava mais alto e mais claro do que alguém de carne e osso:

– Antes de formar você no ventre de sua mãe, eu o conheci; antes que você fosse dado à luz, eu o consagrei.

Fiquei apavorado.

Aquela voz era de Deus? Se era, por que estava falando comigo, um adolescente como tantos outros? Fiquei quietinho e esperei. E então ouvi uma última frase, que me deixou ainda mais perplexo:

– Hoje eu estabeleço você profeta das nações.

Eu? Jeremias de Anatot, profeta das nações?

Ajoelhei-me, com o rosto no chão. Sabia que na minha idade ainda não podia falar em público. Se aquela era a voz de Deus, ele também devia saber disso: quem me daria o direito de abrir a boca?

– Ah, Senhor Javé! – disse tremendo. – Eu não sei falar! Sou muito jovem...

Mas Deus me confortou:

– Não diga "sou muito jovem", porque você irá para aqueles a quem eu o mandar.

Nesse instante aconteceu algo misterioso: senti como se uma mão tocasse a minha boca. Deixou uma impressão forte e inesquecível.

– Estou colocando minhas palavras em sua boca. Hoje eu estabeleço você sobre as nações e os reinos para arrancar e derrubar, para devastar e destruir, para construir e plantar.

Eu?! Isso tudo?!

Eu tremia, mas nem era de medo. Era a solenidade daquele momento que me deixava totalmente abalado. Eu, sobre os povos e os reinos! Eu, devastar e destruir? Eu que amo as coisas simples, os campos, as flores, a casa dos meus pais, meus irmãos e minhas irmãs...

Parecia um sonho! Mas não era sonho. Eu tinha certeza de que era a voz de Deus. Estava convencido disso, mas aquilo tudo era muito perturbador.

    Vivemos tempos difíceis aqui. Ao Norte, o grande império assírio está em crise com a morte recente do poderoso Assurbanípal. Parece que os medos e babilônios estão planejando uma revolta, talvez em breve haja lutas sangrentas por lá.

    Por outro lado, nós, judeus, vivemos uma situação precária. Agora finalmente temos um rei abençoado por Deus. Dizem que depois de Davi nunca mais houve em Judá um rei tão bondoso como Josias. Seu cuidado com a lei e com o templo é imenso. Mas não é muito fácil para ele consertar o estrago que Manassés causou nos cinquenta e cinco intermináveis anos de seu reinado. Por todo lado se vê altares, idolatrias, profanações, adivinhações e magias. Depois dele veio Amon, que não foi muito melhor.

Josias, ao contrário, reformou tudo, mas é difícil para as pessoas voltarem a ser como antes, porque se desacostumaram a seguir a lei de Deus. O povo está desunido e não vamos ser capazes de nos defender se formos atacados por estrangeiros.

Na visão que eu tive, parecia que na região Norte havia uma panela no fogo, que se inclinava para cá. Enquanto me perguntava o significado daquilo, escutei novamente a voz:

– Do Norte se derramará a desgraça sobre todos os moradores do país.

Eu tremi dos pés à cabeça. O Senhor me fez compreender que cabia a mim avisar a todos em Jerusalém e nas cidades de Judá sobre o perigo iminente.

– Quanto a você, prepare-se! Levante-se e diga a eles tudo o que eu mandar. Não tenha medo. Eu estarei ao seu lado.

Que situação! Um império iria cair sobre nós e eu precisava avisar os chefes, sacerdotes e generais. E ainda por cima não devia ter medo!

Agora entendo por que me chamo Jeremias: talvez Deus quisesse me usar para converter e perdoar o povo. Espero, de todo o coração, que seja isso.

E, como Deus mandou, vou me preparar! Aconteça o que acontecer, vou fazer o melhor possível o que Deus quer que eu faça.

**Você pode encontrar esta bela história na Bíblia.
Ela está no capítulo 1 do livro de Jeremias.**

Que desafio!

A história de Daniel

Hoje estou muito feliz! Meu coração está gritando "Aleluia! Graças a Deus!". Queria contar para todo mundo o que aconteceu comigo e meus três amigos, Ananias, Azarias e Misael. Ah, sim, eu sou Daniel, que significa "Deus é juiz".

Fomos trazidos aqui para a Babilônia como exilados... Exílio é uma palavra terrível para nós, judeus. Mas essa é a realidade! Nabucodonosor é o rei deste império e ele é muito poderoso. Joaquim, o nosso rei, foi obrigado a se render. Por isso estamos aqui, longe de Jerusalém... Que saudades!

Mas nós não nos deixamos abater. Não podemos fazer muito, mas reagimos do nosso jeito. Só por isso já me sinto satisfeito.

Você quer saber por que estou tão feliz? Pois eu vou contar.

Assim que chegamos à Babilônia, faz quinze dias, demos de cara com Asfenez, um sujeito bem importante na corte. Cumprimentou-nos e analisou bem a todos, da cabeça aos pés. No fim, escolheu alguns rapazes – nós quatro estávamos entre os escolhidos. Ao menos não fomos separados!

Nós nos olhamos, sem entender o que significava aquilo, e então Asfenez explicou que o rei Nabucodonosor desejava instruir os jovens capturados na guerra, à maneira dos caldeus, para servirem na corte. Para isso, ele escolhia os melhores e preparava-os para serem bons funcionários.

"Humm...", pensei comigo, "sou judeu e pretendo continuar sendo. Não quero virar caldeu!".

Mas Asfenez parecia falar sério e, além do mais, nós éramos prisioneiros. Portanto, não podíamos agir como bem entendêssemos. Só não imaginei que ele ia começar mudando justamente os nossos nomes. Aquilo não me agradou nem um pouco.

– Você vai se chamar Baltazar – disse em tom solene.

Alguém me explicou que significava "proteja a vida do rei". Mas dentro de mim eu pensava: meu nome é Daniel e vai continuar sendo pelo resto da minha vida. É que com essa gente não se brinca, sabe? Eles querem mudar o nosso nome porque, assim, é como se mudassem também o seu destino. Mas a mim é que não enganam! Ele também deu novos nomes para os meus amigos. Ananias ia se chamar Sidrac; Azarias ia virar Abdênago; e o nome de Misael ia ser Misac.

Depois veio o programa do rei que deveríamos seguir:

– Vocês devem ficar saudáveis e bem dispostos. Vão se alimentar com as iguarias da mesa real e beber de seus vinhos. Daqui a três anos, passarão a servir ao rei.

"Pronto", pensei, "estamos perdidos!"

É que sendo judeus, há certos alimentos que não podemos comer. A comida também deve ser preparada de certa forma. Isso é importante na nossa religião! Como é que ia ser? Que desafio!

Pensei comigo mesmo que não ia seguir aquela ordem, nem morto. Respirei fundo, juntei toda minha coragem e fui procurar Asfenez:

– Preciso falar com o senhor.

Confesso que, apesar de não ser baixinho, eu me senti um anão diante daquele homenzarrão, vestido como um príncipe e cheio de si.

– Que deseja? – perguntou, me encarando.

Naquele momento, Deus me ajudou e comecei a falar cheio de segurança. Expliquei que, como judeus, não podíamos comer certos alimentos, porque nossa lei proibia. Será que podíamos comer outro tipo de comida?

– Não – respondeu categoricamente. – Eu não vou me arriscar por sua causa. Eu respondo pela sua preparação e por seu aspecto físico diante do rei.

E me mandou embora. Mas eu não mudei de ideia. Sabe o que eu e meus amigos fizemos? Fomos procurar o funcionário responsável pela cozinha. Dissemos a ele:

– Faça uma experiência com a gente: durante dez dias você nos dará só legumes para comer e água para beber. Se achar que estamos emagrecendo, então desistimos.

Ele era uma boa pessoa e aceitou a proposta.

No final, foi fantástico! Todos os dias rezávamos a Deus para que nos ajudasse. Não sentíamos fome e estávamos muito bem.

Chegou o dia da grande prova. Asfenez nos chamou e nos comparou com os outros jovens. Olhou, tornou a examinar, a observar... Senti vontade de rir, porque já tínhamos percebido que nossa aparência era a melhor e mais sadia do grupo, sem falar no bom humor que superava a todos.

Asfenez também notou:

– Incrível! Vocês são realmente os melhores!

Fiquei feliz! Pensei comigo: "Deus é juiz. Viu que queríamos respeitar a sua lei e nos abençoou. Não foi à toa que me deram o nome de Daniel!".

Depois da prova, conseguimos permissão para continuar com os legumes e a situação ficou muito bem resolvida: satisfez tanto a Asfenez quanto a nós. Sabe por quê? Porque quisemos ficar do lado de Deus e ele permaneceu do nosso lado. Na hora foi preciso coragem, mas o sistema funcionou, e como!

Deus continua nos ajudando de muitas maneiras e eu aprendi que o importante é confiar nele, de coração!

Se quiser saber mais detalhes sobre esta história, leia o capítulo 1 do livro de Daniel.

Mais forte que um leão

Continuação da história de Daniel

Olá, aqui estou novamente porque quero contar uma outra história que aconteceu comigo. Agora já estou um pouco mais velho, mas sei que você irá gostar dela.

Quando o rei Nabucodonosor morreu, foi sucedido por seu filho Baltazar, mas eu continuei na corte porque me tornei famoso pela sabedoria que Deus me concedera. O mesmo aconteceu depois da morte de Baltazar, sucedido por Dario, rei dos medos.

Quando Dario subiu ao trono, ele quis reorganizar todo o reino e nomeou a mim e a outros dois ministros governadores dos seus sátrapas. O rei queria me nomear governador-geral, porque eu superava os outros em sabedoria, mas comecei a ter problemas. Imagine se não iriam aparecer os invejosos!

Sem que eu tivesse feito nada de errado, de repente me dei conta de que todos estavam contra mim, os meus colegas e os sátrapas. Era gente que não queria saber de conversa e acabaram comigo diante do rei.

Num encontro com o rei Dario, estimulando sua ambição de poder, convenceram-no a decretar que todos deviam venerar e suplicar graças só a ele, desprezando qualquer outro deus.

O castigo para a desobediência ao decreto real seria a pena de morte.

Tenho que reconhecer que realmente foram muito astutos. Eles sabiam muito bem que eu adorava o Deus de meus pais e que não mudaria de ideia, nem por um decreto.

O rei sancionou a lei. Alguns dias depois, eles apareceram na minha casa e me pegaram ajoelhado, rezando na direção de Jerusalém. Soltaram gritos de indignação e de maldosa satisfação. Fui pego em flagrante desobediência ao decreto real! O que ia ser de mim? Desta vez, ninguém conseguiria me livrar da morte.

Foram correndo ao rei para me denunciar. Dario gostava de mim e procurou contornar a situação, mas não conseguiu. O decreto sancionado por ele próprio era irrevogável; até ele estava submetido à sanção. Era a lei dos medos e persas.

Por isso, meus inimigos voltaram à minha casa e me prenderam. A condenação era iminente e irrevogável. Para cumprir a justiça, iam me jogar na cova dos leões e eu ia ser devorado.

Dava pra notar os olhares cheios de satisfação. De repente, porém, comecei a sentir uma força e uma paz incríveis. Encarei um por um, calmamente, até que deixaram de me olhar. Mas não havia saída. O rei se aproximou de mim e eu percebi que ele estava triste, pois me disse:

– Daniel, o seu Deus, a quem você adora, vai libertá-lo.

Chegamos à cova dos leões. Era um buraco, ao qual se descia através de uma abertura. Rapidamente dois soldados, com lanças apontadas para as feras, me empurraram e me jogaram lá dentro. Em seguida, fecharam a entrada com uma pedra pesada.

Fiquei sozinho, na escuridão, sufocado pelo mau cheiro das feras. A carne em decomposição me provocava náuseas. Mas

eu me sentia tão calmo como se estivesse no templo. Você não imagina o que Deus é capaz de fazer para salvar quem confia nele!

Ouvi ruídos e estalidos inquietantes! Talvez tivesse chegado a hora em que uma fera ia saltar sobre mim e me devorar. Afinal, eram animais selvagens e famintos, acostumados a se alimentar de carne humana.

Mas nada acontecia. Apenas um ruído contínuo de patas raspando no chão. E lá estava eu, imóvel. Não sentia nem um pouco de medo, só a proteção de Deus e dos anjos. Aos poucos meus olhos foram se acostumando à escuridão, e graças a uma réstia de luz vinha de cima comecei a enxergar alguma coisa. Então vi que quatro, cinco, seis enormes animais me cercavam. Eram as feras! Incrível! Elas estavam quietinhas, só me observando. Um dos leões se aproximou de mim. Era um bichão com uma juba enorme. Ele me cheirou e eu senti seu hálito quente. Farejou-me como um cãozinho, me deu duas lambidas com a língua áspera, depois se afastou indiferente... Eu não interessava!

Parecia o líder da cova, porque logo que se deitou os outros imitaram seu gesto, até mesmo as leoas que costumam ser as mais perigosas. Era como se eu nem existisse! Então, me ajoelhei para agradecer a Deus que comecei a rezar em voz alta. Os leões escutavam...

Por fim, exausto, me acomodei num canto e adormeci. Depois de uma boa soneca, acordei com um rugido feroz. A cova se iluminou. Lá em cima, alguém tinha removido a pedra. Amanhecia... Escutei um grito ansioso:

– Daniel, seu Deus o salvou?

Era o rei Dario. Levantei rapidamente e os leões nem me olharam. Saí dali correndo, enquanto o rei me olhava feliz. Que vitória de Deus!

Então, Dario ordenou que os meus acusadores fossem jogados na cova. Eu fugi dali porque não queria ver a cena. Voltei com o rei. Ele me disse que iria ordenar a todos que adorassem o Deus de Daniel. Escutei, rezei e senti que meu coração transbordava de agradecimento e de alegria.

Descubra de que maneira esta história é narrada no capítulo 6 do livro de Daniel.

Os jovens do Novo Testamento

Deus é muito bom!

A história de Jesus

Olá! Sou Jesus e moro em Nazaré, um lugar lindo para se viver. Sou filho único de Maria, uma mãe maravilhosa com quem me sinto muito feliz. Quanto ao meu Pai, ah... meu Pai é mais que maravilhoso: é muito bondoso, ninguém o supera nisso. Ele é o Criador e Senhor de tudo. Meu Pai é Deus.

Minha mãe é casada com José, meu pai adotivo. Ele é a pessoa mais justa que conheço, foi um presente de meu Pai à mamãe e a mim, para que nos protegesse e nos amasse neste mundo. Nós também o amamos muito! Ele está me ensinando sua profissão de carpinteiro e ferreiro, além de mil outras coisas. José é muito bom, todos gostam dele.

Agora quero contar o que aconteceu em Jerusalém, dias atrás.

Todos os anos, na época da Páscoa, costumamos ir ao templo de Jerusalém. Agora, que tenho doze anos, também já posso fazer essa peregrinação.

Assim que entrei no lugar santo, meu coração disparou de entusiasmo e emoção. Foi como se o céu se abrisse e eu fosse levantado pelo vento. Era como se alguma coisa ali estivesse me esperando...

Eu sabia! O templo é lugar de encontro de meu Pai com o seu povo, há séculos! É um edifício enorme, lindo, repleto de pedras

e ornamentos. Lá dentro, fui ao lugar em que os escribas, que são os doutores da lei de Israel, ensinavam. Misturei-me às pessoas que escutavam e me aproximei, sem medo.

– Venha, aproxime-se, menino – disse-me um deles com um sorriso bondoso.

Percebi que ele era uma pessoa simples, tranquila, de bom coração. Um verdadeiro sábio.

– Então, quer escutar também?

Fiz que sim com a cabeça. Eles falavam do meu Pai. Chamavam-no "O Nome" ou "O Santo", pois, por respeito e veneração, não pronunciam a palavra Deus.

– O Santo concedeu muitas recompensas aos israelitas. Eis por que lhes deu tantas prescrições...

Não consegui segurar-me e a pergunta saiu espontânea:

– E os outros?

Todos olharam para mim.

– Que outros, menino?

Eu sabia muito bem que a Judeia não representava o mundo inteiro. Eles também sabiam disso. Fiz um gesto amplo:

– Todos os seres humanos... o mundo todo. Deus ama a todos, quer recompensar a todos e torná-los felizes.

Eu tinha plena certeza disso e repetia com uma felicidade incrível. Eu queria gritar para o mundo inteiro ouvir!

– Isso é verdade, porém o assunto merece muita reflexão – respondeu solene um escriba. – E você, menino, como é que pensa nessas coisas?

– Ora, eu conheço Deus e sei o quanto ele é bom!

Falei em tom de protesto, e as pessoas, ao redor, cochichavam como se eu tivesse faltado ao respeito para com o escriba. Mas ele não ficou ofendido, só me olhou por algum tempo e então repetiu, enquanto alisava a barba:

– Você conhece Deus...

– Conheço! – confirmei alegre e tão convicto do que afirmava que todos os escribas olharam para mim.

– Escute, menino, um rabino disse que Deus fez tudo o que fez por nós, seu povo, por um único motivo: para que o chamemos Pai. O que você acha disso?

– Acho que, mesmo que chamemos Deus de Pai, nunca conseguiremos dizer o quanto ele realmente é.

Eles se entreolharam, surpresos.

– Como você sabe disso?

O escriba que tinha feito a pergunta tinha ares de raposa esperta. Achei que ele estava me preparando uma armadilha. Mas não dei bola, porque a pergunta era muito interessante. Então, respondi:

– Eu vejo os pássaros do céu, que não trabalham, mas não lhes falta alimento. A mesma coisa com os lírios dos campos: não tecem nem fiam e possuem vestes maravilhosas. Vejo o sol que nos ilumina e nos aquece; a chuva que cai na terra e faz brotar a plantinha... Acho que Deus manda o sol e a chuva para todos, bons e maus. Só um Pai muito bondoso pode agir dessa maneira.

O escriba, que tinha me chamado, aproximou-se de mim. Tinha um olhar tão gentil e luminoso... Parecia comovido.

– Prossiga...

Eu sentia que ainda tinha mais coisas para falar, mas não era tão fácil. Então, pensei em meu Pai e continuei:

– Se Deus é um Pai tão bondoso, nós também deveríamos ser bons filhos, mas...

– Mas...? – perguntou o escriba esperto.

– Humm... Acho que a gente faz muitas coisas à nossa maneira e não como ele quer. O problema é que pensamos que somos bons do mesmo jeito. Para mim, isso não está muito certo!

– Menino, quantos anos você tem? – perguntou outro.
– Doze – respondi.
– Você está se intrometendo em assuntos difíceis – resmungou abaixando os olhos.
– Difíceis? Que nada! O que tem demais em chamar Deus de Pai e fazer a sua vontade? Não é a coisa mais bonita e mais fácil do mundo?

Os escribas começaram a discutir entre si. Achei que tinha provocado uma confusão. Mas não tinha sido essa intenção. O de olhos bondosos se aproximou e me disse:

– Menino, você é extraordinário. Gostei de ver, muito mesmo! Mas, agora, vamos fazer uma pausa. Viu o que você fez? Deixou os doutores confusos, admirados com o que falou. Volte daqui a pouco e poderemos continuar.

Foi o que fiz. Fui dar uma volta por ali e depois de um tempo voltei. Retomamos a conversa. Eu estava achando tudo aquilo o máximo e eles me escutavam espantados... Por mim, ficaria falando lá a vida inteira!

E acabei ficando em Jerusalém naquele dia, no dia seguinte e no outro... até que na manhã do terceiro dia, quando eu estava falando todo entretido, de repente, escutei a voz de mamãe que me chamava:

– Jesus! Jesus!

Quando me virei, finalmente eu a vi. Estava com José. Eles pareciam muito preocupados e percebi o alívio e a felicidade de me encontrar.

Mas essa é outra história. Depois eu conto...

Leia esta história na Bíblia.
Está no capítulo 2,41-47 do Evangelho de Lucas.

Por que vocês me procuravam?

Continuação da história de Jesus

Estou de volta para contar o que aconteceu depois da minha aventura no templo de Jerusalém.

Como eu disse, na manhã do terceiro dia, enquanto eu estava falando todo entusiasmado com os doutores da lei, escutei a voz de mamãe que me chamava:

– Jesus! Jesus!

Ela e José estavam no meio do povo, que se tinha juntado ao redor dos escribas para escutar o debate entre mim e os doutores. As pessoas pareciam se divertir muito em ver como os doutores levavam um garoto como eu a sério. Não que eu quisesse me mostrar, acredite. Eu só queria falar do meu Pai, contar o que sei dele para essa gente que acha que já o conhece bem... Mas a multidão estava absolutamente atenta.

Maria, minha mãe, tinha conseguido chegar bem perto de mim. Olhei para ela e para José com o mesmo amor de sempre. Os olhos de mamãe me chamavam. Os escribas ficaram quietos. Talvez quisessem ver o modo como eu a tratava, porque, afinal, eu já estava crescido e, com 12 anos, já tinha direito de discutir a lei com eles.

Poderia ter respondido a ela: "Estou ocupado, falando de coisas importantes", mas não. Olhei de novo para os doutores.

– Então, você vai ou fica, pequeno sábio? – perguntou o escriba que parecia uma raposa.

Percebi a ironia na sua voz.

– Eu ficaria – respondi olhando bem nos seus olhos –, mas eu tenho que ir. É o que devo fazer agora.

O escriba do sorriso bondoso assentiu com a cabeça, em silêncio.

– Mas eu voltarei – disse a eles. – Um dia eu voltarei.

Devo ter falado com uma voz bem firme, porque todos me olharam com espanto.

– Volte logo! – respondeu um deles.

Fui embora com José e Maria, que seguiam ao meu lado, com pressa.

Eu me sentia muito próximo deles enquanto voltávamos, mas, ao mesmo tempo, sentia a grandeza do Pai, a história de Israel, a grandiosidade do templo e, também, sua pobreza... Meu coração estava dividido: só a certeza de estar fazendo a vontade do meu Pai animava meus passos.

No pátio dos pagãos, isto é, dos que não são judeus, uma multidão ia e vinha. Por toda parte, nos pórticos, havia escribas como aqueles com os quais eu tinha conversado. Eles ensinavam o povo. Do outro lado do muro eu via a escadaria majestosa, os enormes portões e o esplêndido templo.

Tudo era grande! E meu coração parecia maior ainda, pois cabia tudo isso dentro dele e muito mais: cabia Jerusalém, todo o povo de Israel e o mundo inteiro. Meu coração estava com meu Pai, enquanto eu ia me afastando daquela multidão fervilhante.

Quando vimos um lugar calmo, paramos para respirar e tomar um pouco d'água. Fazia calor e estávamos com sede. Mamãe parou na minha frente e perguntou, baixinho:

– Meu filho, por que você fez isso? Seu pai e eu estávamos angustiados à sua procura.

José permanecia calado e sério.

Confesso que foi para mim um momento difícil. Não sei como você reage quando sua mãe chama sua atenção. Talvez você fique triste ou nem ligue. Mas minha mãe é uma pessoa muito especial. Nunca, nunca mesmo ela fica impaciente ou nervosa; séria, sim, mas sempre diz alguma palavra carinhosa.

Está sempre fazendo alguma coisa: cozinha, costura, trabalha na vinha, e mil outras coisas. Aprendi com ela a agradecer a Deus por tudo, mesmo quando uma ânfora pesada escorregava

de suas mãos e se quebrava no chão. Nunca a vi irritada. Pelo contrário, é sempre tranquila e humilde. Por isso aquela pergunta me deixou sem graça, com o coração apertado. Eu tinha deixado aflitas as duas pessoas que menos mereciam! Mas, ao mesmo tempo, eu tinha certeza que devia ter ficado no templo, com os doutores e escribas, para falar das coisas do meu Pai.

Olhei bem dentro dos olhos de mamãe. Quando nos olhamos assim, tudo fica muito transparente entre nós. Mas dessa vez eu percebi que não bastava só dizer: "Desculpe, mãe, não tive a intenção de magoar vocês".

Desta vez eu devia explicar... Deus, meu Pai, não ficaria contente se eu não falasse dele também a Maria e José.

Vi nos olhos de mamãe todo o seu amor e sua preocupação. Então sorri para ela e respondi:

– Por que vocês estavam me procurando? Não sabiam que o meu lugar é na casa do meu Pai?

Era uma frase muito simples e verdadeira... Afinal, estava fazendo aquilo que eu faria até o fim da vida, porque sei que vivo só para a glória e a alegria de Deus. Mas um silêncio profundo se criou entre mim e eles.

Olhei mamãe nos olhos e vi sua humildade e seu imenso amor por mim. Percebi, ao mesmo tempo, um certo sofrimento e confusão, como se não tivesse entendido direito. E ficou assim, muda e meio triste. Eu senti um amor profundo por ela. Mas sentia que era minha obrigação dizer aquilo. Tive a impressão de que seria o começo de uma longa conversa a respeito das coisas de Deus, meu Pai.

Enquanto estávamos ali, apesar de ver a tristeza de mamãe, tive certeza de que tudo o que estava acontecendo era maravilhoso, que era motivo de felicidade. Também ela, minha mãe tão querida, era parte de Deus; ela, tão pura e forte, tão triste e tão cheia de amor, fazia parte daquele momento.

Acho que ela também deve ter percebido isso ao me olhar nos olhos, porque concordou com a cabeça, sorriu e começou a andar. Era preciso seguir viagem, afinal Nazaré não fica muito perto.

Troquei um longo olhar com José, segurei a sua mão e, nesse gesto, senti seu coração por inteiro.

Assim terminou minha primeira aventura no templo...

Estou certo de que nunca esquecerei disso tudo e sinto que Deus, meu Pai, continua lá à minha espera. Ainda não sei quando, mas tenho certeza de que voltarei...

Leia esta história no capítulo 2,48-52 do Evangelho de Lucas.

Imagine a cena!

As crianças cercaram Jesus

Desde que Jesus chamou meu irmão Matias, que tem três anos, e disse aquelas palavras que deixaram todo mundo de boca aberta, sinto que o mundo mudou. E não só eu. Depois de saber o que foi, tenho certeza de que você também vai concordar.

Meu nome é Jeremias. Tenho quase doze anos e sou o líder da minha turma... quer dizer... esse é o meu jeito. Juntando amigos, irmãos e primos, somos umas trinta crianças. Quando brincamos juntos e corremos pelos campos, todo mundo percebe que estamos na área...

Somos loucos por frutas. Isso é outra coisa que todo mundo também sabe por aqui! Quando os adultos conversam, a gente tem que sumir de perto. Não é que não gostem de nós. É que tirando eu, que já sou mais crescido, ninguém liga pros outros... ou, pelo menos, era assim até ontem, quando Jesus apareceu.

Estávamos todos em volta de Jesus, toda a nossa turma. A gente gosta muito dele; acho que é diferente dos outros. Para mim é como Moisés e Davi, talvez até melhor. Além disso, ele não briga com a gente. Nunca mesmo, entende?

Acho que você também já aprendeu que, de vez em quando, os adultos ficam bravos e se aborrecem com as crianças, ou as conversas são muito chatas. Só um ou outro é legal e amigo de verdade, como meu irmão Josias, ou como Jesus. Como foi que o descobri?

Como eu ia dizendo, a gente por ali, perto de Jesus. Notamos que os discípulos de Jesus conversavam e parecia ser coisa séria. Ele estava calado. Àquela altura, Raquel, mãe de Noemi e Davi, pegou os dois pela mão e tentou chegar ao lugar em que Jesus estava sentado. Atrás dela vinham outras mães com seus filhos.

Os discípulos rodeavam Jesus e não deixavam ninguém se aproximar... Raquel falou alguma coisa, insistiu, e dois ou três deles levantaram a voz:

– Vão embora daqui! Fora! Não amolem o Mestre com essas crianças!

Raquel abaixou a cabeça, envergonhada, e fez meia-volta. Tive vontade de protestar. Que mal havia naquilo? Mas quem tomou a iniciativa foi o próprio Jesus. Gostei!

Quando ouviu os discípulos falarem daquele jeito, ele levantou a cabeça para ver o que estava acontecendo. Ele estava com uma cara! Dava vontade de sumir! Ele ficou muito bravo! Não gritou, mas a voz dele parecia um trovão:

– Deixem que as crianças venham a mim, não as proíbam, porque para as pessoas como elas é que existe o Reino de Deus.

Os discípulos ficaram quietinhos!

Jesus olhou para Davi e Noemi, e fez sinal a Raquel para que deixasse os dois se aproximarem dele. Então aproveitei, peguei Matias pela mão e o empurrei também. Ele ficou meio com medo, mas as crianças pequenas são todas assim. Dei outro

empurrãozinho e ele, vendo que muitas crianças iam chegando perto de Jesus, foi com elas para bem pertinho do Mestre.

Nesse momento, dois discípulos ainda tentaram afastar as crianças, mas Jesus estendeu o braço para meu irmãozinho, segurou a sua mão e o puxou para junto de si. Imagine a cena! Eu não conseguia desprender o olhar dos dois, mas no fundo fiquei com um pouco de medo...

Aí, Jesus abraçou Matias e deu sorriso tão bonito que eu quase chorei. Mas eu não choro à toa. Depois, sem soltar meu irmão, olhou para os discípulos que estavam ao seu redor e falou, apontando para Matias, que estava feliz da vida:

– Eu garanto a vocês: quem não receber o Reino de Deus como uma criança, nunca entrará nele.

Você não pode imaginar o silêncio. Todos pareciam estátuas. Só as crianças se mexiam: Davi, Noemi, Matias, eu e minha turma.

Sabe o que fizemos? Com certeza você também teria feito a mesma coisa. Corremos até Jesus e caímos em cima dele... Foi um momento que eu nunca vou esquecer!

Os adultos estavam mudos, um ou outro chorava.

Ficamos muito contentes. Foi aí que eu tomei uma decisão: aquele era o Mestre em quem eu iria acreditar.

Não se esqueça de ler este episódio no capítulo 10,13-16 do Evangelho de Marcos.

Escuridão total...

A história do jovem de Naim

– E aí, Benjamim, o que acontece depois que gente morre?

Eu já ando cansado de ouvir essa pergunta, mas até que dá para entender. Sei que todo mundo quer saber porque são meus amigos e, além do mais, tudo foi mesmo fantástico.

Aconteceu há quatro dias, e para dizer a verdade eu não me lembro de muita coisa porque... não estou brincando... eu estava lá, mas estava... morto!

Vou tentar contar da melhor maneira possível, ao menos do que eu me lembro. Mas antes deixe eu me apresentar.

Nasci em Naim, um povoado pequeno nas colinas da Galileia, ao sul de Nazaré. É um lugar bem bonito. Se você visse... Na primavera, os campos ficam todos floridos, é uma beleza! Meu pai morreu quando eu ainda era pequeno, então fiquei sozinho com a minha mãe. Ela é muito boazinha e a gente se ama muito. Somos pobres, mas tínhamos uma horta e de vez em quando alguém nos contratava para um trabalhinho ou outro. Apesar de ser uma vida não muito fácil, não tínhamos do que reclamar.

Um dia, Jesus apareceu por essas bandas. Disseram que vinha de Nazaré. Eu já tinha visto ele por aí, quero dizer, antes do que aconteceu comigo... Mas agora tenho certeza de que vou atrás dele para onde ele for.

Ele é uma pessoa maravilhosa! Também é pobre, mas é muito bondoso e tem poder de curar os doentes e até de expulsar demônios... As pessoas contam muitas histórias sobre ele. Mas também não falta gente que fale mal, sei lá por que motivo.

Mas, como eu ia dizendo, Jesus estava de passagem por perto de Naim e eu até queria ir vê-lo, mas já fazia um mês que eu tinha ficado doente. Sentia muita dor no corpo todo e nem conseguia mais ficar em pé. Aos poucos, fui perdendo as forças. Minha mãe fazia o possível para cuidar de mim e chorava muito porque eu não melhorava. Lembro que nos últimos dias eu andava com uma febre muito alta, era difícil ficar acordado e comecei a achar que não ia ter jeito, eu ia morrer mesmo. Fiquei triste por deixar minha mãe... e terminam aí as minhas lembranças.

Agora estou bem, me sinto forte e basta eu sair de casa alguém pergunta:

– E aí, Benjamim? O que acontece com a gente depois?

Eu repito o tempo todo o que a minha mãe já disse mais mil vezes nestes últimos dias. Eu não me lembro de nada, acho que por causa da febre, mas ela conta que, uma noite, quando eu estava mesmo muito mal, pedi um copo d'água. Ela se levantou para pegar e, nesse instante, gemi e chamei baixinho: "mamãe". E, então, mais nada. Eu havia morrido.

Eu sei o que acontece quando alguém morre: todo mundo chora, especialmente quem amava a pessoa de verdade, como era o caso da minha mãe.

Ela disse que muitas pessoas acompanharam meu corpo sendo levado ao túmulo. Mamãe ia ficar sozinha e estavam com pena dela.

"Passávamos pela porta da cidade", contou mamãe transtornada pela emoção, "quando vimos que se aproximava outro

grupo de pessoas. Rodeavam alguém, e reconheci Jesus de Nazaré. Naquele momento, porém, nada me importava. Mas Jesus parou e se aproximou de mim. Olhou nos meus olhos e, nesse exato momento, compreendi que ele sentia uma imensa compaixão. Ele falou, com uma voz que nunca vou esquecer: 'Não chore!'. As lágrimas escorriam pelo meu rosto. Como podia não chorar? De repente, senti uma pontinha de esperança, vinda não sei de onde, e Jesus repetiu: 'Não chore!'... Por que ele dizia aquilo?".

Mamãe interrompeu a narração, comovida. Depois continuou: "Ele não olhava mais para mim. Aproximou-se de você,

Benjamim. Todos ficaram espantados e iam avisar para ele não tocar em você, porque não se pode tocar um morto, quando Jesus disse com uma voz forte e segura: 'Jovem, eu lhe ordeno, levante-se!'".

Então eu acordei! Inexplicável! Eu estava vivo de novo! Ao meu lado, sorrindo, vi o rosto de mamãe e o de Jesus. Olhei ao redor e vi aquele monte de gente, de boca aberta, no mais absoluto silêncio. Depois, uma explosão de gritos de alegria e de agradecimento.

Eu estava atordoado, aliás ainda estou. Não sei bem o porquê disso tudo, já que sou um adolescente como outro qualquer. Sinto uma sensação estranha, não sei se é alegria, ternura... Não me saem da cabeça os gritos das pessoas e o rosto de Jesus. Ainda não sei o que dizer. Mas as pessoas continuam me perguntando:

– O que acontece com a gente depois?

Isso eu não sei dizer, mas sei que preciso entender outra coisa, que percebi: Jesus me trouxe de volta não por minha causa ou por causa de mamãe... Foi por ele mesmo também. Então, vou atrás dele para ver se consigo entender isso tudo melhor.

**Se você gostou desta história,
leia-a no capítulo 7,11-17 do Evangelho de Lucas.**

Você também não se sentiria assim?

A história do jovem dos pães e dos peixes

Oi! Tudo bem? Meu nome é José, sou aqui mesmo de Betsaida e estou louco para contar o que me aconteceu hoje, porque não dá para esperar até amanhã. Foi algo sen-sa-ci-o-nal! Desta vez, Jesus se superou! O povo não acreditava! Quanto a mim... Bem, eu... Ah, deixe eu começar do início.

Eu estava em casa quando escutei barulho de gente passando apressada na rua. Fiquei curioso e fui ver o que estava acontecendo. Nesse exato momento, meu amigo Jonas estava passando e gritou:

– Vamos lá, José! Vem também! Vamos escutar Jesus de Nazaré. Ele está lá nas colinas.

Meu coração disparou, de verdade. Jesus de Nazaré é único, diferente. Quando chega a um lugar, alguma coisa extraordinária sempre acontece e o que era para ser um dia comum vira um dia especial.

Entrei em casa como um raio para avisar minha mãe e já ia saindo correndo, mas ela me chamou:

– Espere, José!

Ela vinha atrás de mim com um cestinho que eu já sabia que era meu almoço, porque quando estamos com Jesus o tempo voa... Peguei o lanche e saí correndo, apressado.

Quando cheguei na colina já havia uma multidão de pessoas e eu fui passando caminho no meio delas. Todo mundo quer ficar bem pertinho de Jesus. É preciso ver para acreditar... Ele não veste roupas vistosas, também não usa o manto dos escribas. É uma pessoa simples... mas tem alguma coisa no olhar que prende a gente. Os olhos dele têm uma bondade, um fogo, não sei explicar! E tem um ar de coragem que encanta qualquer um. Quando ele fala, sinto eu que também poderia fazer o que Davi e Josué fizeram!

Quando consegui chegar bem perto, ele já tinha começado a falar. Todos o escutavam, atentos, pareciam hipnotizados. Ele dizia coisas maravilhosas. Falava de um reino que viria, mas só se fôssemos humildes, justos, se não fôssemos violentos, e se fizéssemos o que dizia o Pai que estava no céu.

Eu podia ficar horas e horas escutando. Ele parecia viver num mundo diferente. Quando a gente fica perto dele, é como se todo mundo fosse mais amigo.

Hoje também foi assim. O sol já ia alto, bem no meio do céu, quando Jesus terminou de falar. Então deixou que levassem os doentes até ele e curou a todos. Depois, virou para um dos que o acompanhavam e perguntou:

– Filipe, onde vamos comprar pão para eles comerem? Estão com fome.

Imagine só... olhei ao redor e achei que devia ter ali umas cinco mil pessoas, homens, mulheres e crianças!

Você precisava ver a cara de Filipe! Arregalou os olhos de um jeito... Aquilo era impossível!

Eu estava bem ali, a dois passos, segurando meu cestinho. Então, um dos discípulos me viu e disse a Jesus:

– Há aqui um rapaz que tem cinco pães de cevada e dois peixes. Mas isso é pouco para tanta gente!

Meu coração disparou... Jesus olhou para Filipe, depois para mim, para o meu cestinho e sorriu...

– Digam ao povo para se sentar.

Os discípulos de Jesus foram rápidos e as pessoas obedeceram: parecia um enorme piquenique! E então... Nem sei se consigo contar isso direito, mas vou tentar... Jesus estendeu as mãos, pegou meus pães do cesto, virou-se para os discípulos e mandou que eles os servissem ao povo. Cinco pães! Eram só cinco pães mesmo, e dos pequenos! Só dava para uma pessoa! Mas aconteceu algo incrível! Jesus continuou como se nada estivesse acontecendo. Enfiava as mãos no cesto e ia tirando mais e mais pães. Parecia não ter fim!

Eu olhava admirado, sem entender como ele estava fazendo aquilo. Fixei os olhos em suas mãos: estavam sempre cheias de pão! Não sei de onde ele tirava tanto pão. Só sabia que eram de verdade, um montão de pães!

Os amigos de Jesus estavam ocupadíssimos, distribuindo todo aquele pão. Tantas pessoas ajudavam que ficou impossível controlar o movimento. E Jesus continuava impassível... Seu rosto estava iluminado e ele sorria.

Também eu comecei a distribuir os pães, ia e vinha, sem parar.

Aí começou a distribuição dos peixes. Aquilo parecia não acabar mais! As pessoas comiam, riam e conversavam alegres. Parecia até que o tal reino já tinha chegado. No final, todo mundo estava comendo e Jesus mandou que se recolhessem as sobras.

Acredite se quiser: juntamos doze cestos! Entendeu bem? Doze!

As pessoas estavam loucas de entusiasmo. Alguém gritou:

– Vamos proclamá-lo rei!

Era um burburinho geral, risadas de alegria...

Eu me virei para olhar Jesus, mas fiquei paralisado: ele tinha desaparecido no meio da multidão. Então entendi: ele queria ser rei nos corações, não pelos pães que havia multiplicado.

As pessoas começaram a ir embora e depois de um tempo eu também resolvi voltar para casa. Ainda estou encantado com o que aconteceu, por aquele imenso sinal de bondade e principalmente pelo mistério daquela cena. Você também não se sentiria assim?

**Por que você não lê este episódio
no capítulo 6,1-15 do Evangelho de João?**

Ele chegou de repente...

A história da cura do epilético

Até que enfim estou curado! Finalmente, sou um adolescente normal como você. Até ontem era conhecido como "o Alfeu do corre-corre" e não conseguia ter um amigo sequer em toda a cidade. Mas hoje já dei várias voltas pela vila, pulando de alegria, e as pessoas sorriem para mim, me cumprimentam contentes:

– É isso aí, Alfeu!

Agora que Jesus de Nazaré me curou, sinto que sou capaz de enfrentar tudo. Não tenho mais medo de nada!

Quer saber como foi?

Desde que eu era pequeno, Baruc, meu pai, sempre se preocupou muito comigo. Nunca entendi bem qual era o meu problema. De vez em quando eu tinha umas crises estranhas... sentia falta de ar, como se estivesse sendo estrangulado, e aí desmaiava. Quando recobrava a consciência, as pessoas me diziam:

– O que aconteceu? Parece que tem um demônio dentro de você!

Imagine a minha situação! Eu ficava desesperado e meus pais, mais angustiados ainda. Eles contam que, nas crises, eu ficava irreconhecível: caía no chão, ficava duro como um pedaço de pau, rangia os dentes e espumava. Era terrível! Eu não podia acreditar!

Meu pai estava convencido de que eu tinha um demônio dentro de mim que queria me matar. Eu me sentia muito mal.

Até que um dia chegou É Tiberíades ou de Cafarnaum, não sei direito, um homem que já era famoso por aqui, mas que eu nunca tinha visto: Jesus de Nazaré. Agora ele é meu melhor amigo! Enfim, diziam que Jesus fazia milagres e curava os doentes. Andava sempre com seus discípulos, que também ajudavam as pessoas.

Lembro-me bem daquela manhã. Eu estava triste, deprimido mesmo, porque no dia anterior, eu tinha sofrido uma daquelas crises. Então, meu pai escutou o vozerio das pessoas lá fora e foi ver o que estava acontecendo. Em seguida, voltou radiante. Pegou-me pela mão e me levou para fora, todo contente:

– Vamos, filho, coragem! Desta vez vai acontecer algo de bom também para nós. Jesus está aí com o seu pessoal. Vamos até lá pedir que ele cure você, junto com os outros.

Ele estava entusiasmado e eu senti em meu íntimo uma alegria nova. Saímos correndo e nos juntamos aos outros, na porta da cidade, onde já havia uma multidão. Lá estavam eles, no meio do povo. Meu pai não perdeu tempo. Passou entre as pessoas e se aproximou de um dos discípulos. Ele falava todo animado, apontava para mim e juntava as mãos em súplica. Um discípulo acenou para outro, e os dois vieram na minha direção.

O povo corria atrás deles... Eu estava muito emocionado. Chegaram perto de mim e eu fiquei com medo de ter uma crise bem na hora. Pensei em fugir, mas meu pai me agarrou e gritou:

– Pronto! Estão vendo? É o espírito maligno que está querendo agir outra vez!

Sentia umas coisas estranhas. Queria a todo custo sair dali, mas os discípulos começaram a rezar alto e a gesticular. As pessoas olhavam encantadas. Mas nada acontecia. Eu continuava

agitado, meu pai indeciso, o povo decepcionado e os discípulos impotentes. De repente um burburinho percorreu a multidão:

– É ele, está vindo aí... é Jesus!

Ele chegou, olhou ao redor de si com um ar bem sério. Eu não conseguia despregar os olhos dele.

– O que está acontecendo? – perguntou com uma voz mansa e ao mesmo tempo firme.

A multidão respondeu, todo mundo falando ao mesmo tempo, não se entendia nada. Mas ele já tinha percebido tudo. Meu pai se aproximou dele e explicou:

– Mestre, eu trouxe a ti meu filho, que tem um espírito mau. Pedi aos teus discípulos para expulsarem o espírito, mas eles não conseguiram.

Jesus ficou imóvel e calado. Silêncio era total. Então ele falou e suas palavras pareciam carregadas de decepção:

– Gente sem fé! Até quando vou precisar ficar com vocês?

Todos abaixaram a cabeça, a começar pelos discípulos. Mas eu olhava para ele, fascinado. Nesse momento, a crise voltou, e dessa vez violenta. Caí, rolei no chão... E o resto foi meu pai que me contou mais tarde:

– Jesus me pediu para colocar você junto dele. Pediu também para eu ter fé. Gritei que acreditava, eu acreditava, mas que me ajudasse a acreditar mais... Então, enquanto a multidão ao redor crescia, ele expulsou o espírito mau, com firmeza e decisão. E o espírito saiu berrando, enquanto você, filho, ficou estendido lá no chão, como se estivesse morto. Jesus segurou a sua mão e você se levantou curado.

A partir desse momento, virei o "Alfeu livre e feliz".

Jesus segurou a minha mão e agora está sempre comigo.

**Leia esta história
no capítulo 9,14-27 do Evangelho de Marcos.**

Falar pelo olhar

As crianças e os escândalos

Olá! Sou Rute, tenho treze anos e moro em Cafarnaum. Esta noite estou aqui, no meu terraço, contemplando o luar. Gosto muito desses momentos de tranquilidade. Mas hoje estou mais emocionada que de costume, porque é o final de um dia muito especial para mim, um dia decisivo.

É isso mesmo, hoje decidi seguir Jesus... Jesus de Nazaré, o novo rabi que, há dois anos, está entre nós.

Ele diz coisas maravilhosas e quem o escuta não consegue permanecer indiferente. Tem gente que o ama e outros que o odeiam. Eu já tinha ouvido falar dele, mas hoje ele me conquistou, quando chamou uma criança e a colocou no meio de um grupo de adultos, para que todos vissem.

Havia muita gente em volta de Jesus. De repente, percebi que os discípulos pareciam discutir. Pelo que ouvi, estavam perguntando quem devia ser o maior no Reino que Jesus anunciava. Então perceberam que ele estava com uma cara séria e ficaram quietos até que, de repente, o silêncio era total. Ele anunciou:

– Se alguém escandalizar um destes pequeninos que acreditam em mim o melhor que pode fazer é pendurar uma pedra de moinho no pescoço e ser jogado no fundo do mar.

A sua voz era dura. As pessoas estavam completamente sem ação. Eu olhava para ele com uma felicidade tão grande que ele percebeu. Olhou para mim e sorriu. Sem dizer nada, somente com o olhar, nós nos entendemos. Sim, porque o que ele falou era justamente o que eu esperava dele: queria que ele defendesse a inocência.

Eu entendi o que Jesus chamou de escândalo. É ensinar e dizer coisas que desagradam a Deus. Lembrei de certas coisas que ouvia: "Vá, Rute... Você não gostou da pulseira da Miriam? Então pegue para você. É só não deixar que ela veja"; "Uma mentirinha de vez em quando não tem problema..."; "Não dê bola para sua mãe! Se ela falou para você não andar com aquela pessoa é porque não entende nada dos nossos gostos. Somos jovens!"; "Sabe o que fez aquele bobo do Bariona? A gente vai poder rir dele até o fim do ano". Era como se as sombras quisessem me impedir de amar a Deus.

Já não sou tão criança. Tenho olhos e cérebro, vejo e entendo. Um diz que o sábado não precisa ser observado; outro ensina como é fácil roubar no peso na hora de cobrar; uma amiga instiga a briga de outras duas... Sei muito bem o que é um escândalo e não gosto de nada disso.

Antes, riam da minha cara dizendo que eu era muito certinha. Mas agora Jesus falou claramente: aquelas poucas, mas importantes, palavras deixaram todo mundo surpreso e comovido. Muito bem, Jesus!

Ele me conquistou de vez e estou superfeliz!

Esta lua no céu, tão clara e tranquila, parece querer me dizer que meu coração é puro como ela.

**Este episódio está
no capítulo 18,1-7 do Evangelho de Mateus.**

Jesus conquistou meu coração

A história da filha da cananeia

Olá, minha gente! Sou Isabel e tenho treze anos. Hoje estou feliz como nunca, porque finalmente fui curada! Curada! Quero repetir isso mil vezes! Já gritei, já pulei, já contei para um monte de gente, quero contar para todo mundo...

Meu problema acabou, tenho certeza! Eu sinto isso! Quem era ou o que era, não sei nem interessa. Quero esquecer a tristeza e a vergonha que passei, quando as pessoas fugiam de mim assim que me viam.

"Isabel, a infeliz!" – assim eu era conhecida até ontem. Hoje nasci de novo, sou a feliz Isabel. Estou me sentindo tão bem! E estou com uma ideia que não me sai da cabeça... não vejo a hora de colocar em prática.

Você quer saber o que é? Calma, já explico...

Sou cananeia e não judia. Moro com minha mãe aqui, na terra do Norte. Nossos antepassados eram sírio-fenícios. Nossa religião, cheia de deuses, nunca me serviu para nada. Aquela doença terrível sempre me atormentou e fazia mamãe chorar.

Pois bem, outro dia, no mercado, alguém disse a ela que Jesus estava para chegar, vindo do Sul com seu grupo. Jesus é judeu, mas também costuma andar por aqui. As pessoas já o conhecem, a fama dele é grande, porque dizem que tem poder de curar doenças e até de expulsar demônios. Assim que mamãe escutou a notícia decidiu:

– Vou procurá-lo! Ah, vou mesmo. Ele tem que curar Isabel.

Em casa, me fez todas as recomendações possíveis e imagináveis, trancou a porta por fora e se foi. Como das outras vezes, comecei a sentir aquela agitação dentro de mim. Estava me sentindo mal, mas era uma sensação diferente das outras. Não tinha dor de cabeça nem de estômago, ou seja, não era o mesmo de sempre, mas um pavor imenso foi crescendo dentro de mim.

Não vou poder entrar em detalhes, porque eu não saberia o que contar. Só sei que me deitei, encolhida, esperando que aquilo terminasse. Depois, não lembro de mais nada. Então, de repente, despertei. Mas estava me sentindo muito diferente, leve, livre... Já não era mais a mesma. Estava curada!

Fiquei ali, deitada, prestando atenção a mim mesma, imaginando o que podia ter acontecido, quando ouvi os passos de mamãe que voltava, correndo...

– Isabel! – gritou ainda antes de entrar.

– Mãe! – respondi.

Minha voz saiu forte, como que renovada. Ela correu para o meu quarto, me olhou e estava radiante. Eu me levantei e nós nos abraçamos... Estávamos superfelizes e pelo mesmo motivo. Não tínhamos tocado no assunto, mas nem era preciso.

– Eu estive com ele! Jesus entrou escondido numa casa. Acho que não queria que o vissem por aqui com os seus discípulos. Mas eu entrei atrás dele e supliquei: "Senhor, filho de Davi, tem piedade de mim. Minha filha está sendo cruelmente atormentada".

Conheço bem minha mãe. Nada consegue detê-la. Ela continuou:

– Eu estava incomodando os discípulos, porque eles disseram a Jesus: "Mande embora essa mulher, porque ela vem gritando atrás de nós". Mas ele não é desse tipo... ele quer bem a todos e não quer se livrar de ninguém. Voltei a insistir: "Senhor, ajuda-me!". Ele me respondeu: "Não está certo tirar o pão dos filhos e jogá-los aos cachorrinhos". Percebi que ele estava testando a minha fé.

Mamãe estava comovida e eu também. Ela prosseguiu:

– Fui logo dizendo que também os cachorrinhos comem as migalhas que caem da mesa de seus donos. Sabe, Isabel, percebi com que ternura pronunciou a palavra "cachorrinhos". Ele sorriu e me disse: "Mulher, é grande a sua fé! Seja feito como você quer". Acreditei no ato. Agradeci e voltei correndo para ver como você estava e... encontrei você assim, completamente curada!

Eu concordei, mas meu pensamento já estava longe, indo em direção daquele que eu procurava sem encontrar. Jesus tinha conquistado meu coração. Eu ainda não o conhecia, mas ele já se tinha tornado meu maior amigo. Mamãe entendeu no ato.

Ela concluiu:

– Pode deixar, vamos encontrá-lo sim, Isabel, eu prometo! Se ele nos aceitar, vamos ser suas discípulas.

Meu projeto está começando a se realizar!

Descubra os detalhes deste episódio lendo o capítulo 15,21-28 do Evangelho de Mateus.

Que emoção!

A vocação de João, o evangelista

Mesmo que viva mil anos, nunca vou esquecer daquele dia... Jamais esquecerei Jesus de Nazaré que encontrei ali, perto do rio Jordão. Como posso esquecer, se todo o resto já nem me importa mais?

Sou João, filho de Zebedeu. Naquele dia, eu e André, irmão de Simão, estávamos lá perto do rio, ouvindo o que João Batista dizia. Ele parecia diferente, estava mais orgulhoso, sei lá... Seus olhos brilhavam, como se tivessem sido acesos por uma profunda alegria. Ele transmitia uma espécie de felicidade que eu nunca tinha visto nele. Acho que todos perceberam.

Ele estava pregando e havia muita gente ao seu redor. Não se cansava de repetir que o tempo se completara e que, depois dele, viria outro, alguém extraordinário. Você devia ouvir a entonação de sua voz!

– Ele batizará vocês com o Espírito Santo! – dizia, levantando os olhos para o céu, e seu rosto se enchia de luz. Sua voz vibrava e as pessoas estavam mudas.

Ele tinha vivido muito tempo no deserto. Parecia preparado para enfrentar tudo e todos, pronto para guiar Israel para um futuro brilhante. E eu, estava pronto para ir atrás dele, até o fim do mundo se fosse preciso!

Mas o que ele falava então era misterioso. Disse que não era digno de servir aquele que estava para vir:

– No meio de nós existe alguém que vocês não conhecem, e que vem depois de mim. Eu não mereço nem sequer desamarrar a correia das sandálias dele.

Afinal, quem é que estava para vir? Eu escutava, imaginava e rezava. Mas confesso que não estava entendendo nada. Até que o dia tão esperado chegou. Não faz muito tempo, mas não sei dizer exatamente quando foi. Mas eu me lembro bem da hora: quatro da tarde. Desde aquele dia, minha vida mudou radicalmente.

Eu estava observando o Batista. De repente, percebi que ele se transfigurou ao exclamar:

– Eis o Cordeiro de Deus, aquele que tira o pecado do mundo. Este é aquele de quem eu falei...

Senti um calafrio na espinha! Virei rapidamente e vi: lá estava ele... Ainda não o conhecia, mas sabia que era ele. Caminhava devagar, como qualquer um de nós, parecia uma pessoa comum. Ao mesmo tempo, uma força irresistível me arrastava para ele. Não consegui me conter. Não sei se você consegue entender... Era como se meu coração estivesse sendo puxado pelo dele. André sentiu a mesma coisa. E aí, o que fazer? Ficamos ali, imóveis e em silêncio.

Então ele se virou para nós. Ah, que emoção! Seu rosto, seus olhos... nos encaravam, nos chamavam...

– Que procuram? – perguntou.

Não sei se meu rosto ficou vermelho ou pálido. Só sei que senti uma emoção que eu nunca tinha sentido antes. O que você teria respondido? Olhei para ele e só pude murmurar:

– Mestre, onde moras?

Ele logo entendeu que queríamos ir e ficar com ele.

– Venham e vocês verão.

O leve sorriso com que nos respondeu era como um abraço. Naquele instante, minha vida se uniu à dele, como os ramos à videira.

Fomos andando. Era ele que batizava com o Espírito e o fogo? Ele era tão amável... Sua voz era calma, segura e cristalina. Senti uma sensação estranha. Era como se eu fosse um mísero servo do rei, e, ao mesmo tempo, o seu melhor amigo.

Somos pescadores e naquele momento, quando nos aproximamos do barco, foi como se meu coração visse as ondas de um mar desconhecido, mas elas eram suaves e irresistíveis.

Ele nos convidou a sentar no lugarzinho onde morava. Começamos a conversar e as palavras eram tão profundas que agora nem saberia repetir. Eu estava encantado e aproveitava cada instante daquela nova amizade. Estava certo de que ele vinha de Deus.

Eu disse e repito: a partir daí, Jesus se tornou minha vida. Minha felicidade agora é segui-lo e acreditar nele. Sei que isso também pode ser perigoso e posso até morrer. Mas não tenho medo, até porque, se não o seguisse sempre e por toda parte, não saberia mais o que fazer da minha vida.

**Leia esta história tão cativante
no capítulo 1,35-39 do Evangelho de João.**

Um novo nome

A história da filha de Jairo

Meu verdadeiro nome é Débora, que significa "abelha". Acho bonito porque as abelhas vivem no meio das flores e seu presente é o doce mel. Mas, desde o grande milagre, meu pai só me chama de "menina", porque diz que não consegue esquecer a voz de Jesus quando ele me chamou assim naquele dia. Desde então, esse virou o meu novo nome... Para mim, está tudo muito bem.

Quer saber o que aconteceu?

Venha comigo até minha casa. Assim que o sábado começar, a gente vai se sentar à mesa e papai vai contar, como se fosse uma daquelas histórias maravilhosas da Bíblia que ele conhece de cor. Aliás, a história é mesmo incrível e até parece a narração do Êxodo, da Páscoa ou das vitórias de Davi. Só que, desta vez, o protagonista, ou melhor os protagonistas são Jesus, o rabi de Nazaré e – é difícil de acreditar – ninguém menos do que... eu.

Veja, papai acaba de descer. O nome dele é Jairo. Ele é o chefe da sinagoga e estava, como de costume, vigiando no terraço o fim da *parasceve*, que é como nós chamamos a sexta-feira. Quando as primeiras estrelas aparecem no céu, ele soa a sua trombeta para anunciar a chegada do sábado, o dia santificado de repouso para os judeus. Então mamãe acende a lâmpada na janela, que brilha até o pôr do sol do dia seguinte, e nós nos sentamos para a refeição. Preste atenção...

– Naquela tarde, eu estava desesperado. Débora, minha filhinha de doze anos, estava morrendo. Senhor da eternidade, quanta oração durante aquela doença! "Das profundezas, Senhor, eu clamo a ti, escuta minha voz... Deus Onipotente, cura minha menina!" Mas o Senhor parecia não me ouvir. Quantos médicos vieram, remédios sem conta: óleos, emplastros, água de palmeira, aloés... Nada! Nenhum efeito! Por fim, naquela tarde compreendi que já não havia mais esperança. Sou uma pessoa crente, a fé é minha vida. Mas diante da morte de Débora não conseguia dizer como o pai Abraão: "Aqui estou". Tornei a rezar e com tanta intensidade que meu coração parecia que ia se partir. Então, naquele momento, senti uma pontinha de esperança. Era como se Deus me sussurrasse: "Jesus de Nazaré... por que não o procura?".

Nesse ponto papai sempre para de falar. É como se, por causa das suas lembranças, ele precisasse ficar em silêncio.

– Jesus... sim, toda a Cafarnaum falava dele. Até eu já o tinha visto e escutado várias vezes. Falava de coisas antigas e novas, discutia com os escribas, às vezes até conseguia me convencer. Jesus! Como não tinha pensado nele antes?! Saí correndo à procura dele. Deus abençoou meus passos, pois logo cheguei a um lugar em que havia uma multidão de pessoas. Ele parecia estar

esperando por mim. Foi tudo muito rápido. Abri passagem no meio do povo, me ajoelhei na frente dele e implorei... Senti que ele me olhava com compaixão e amizade. Levantou-se e, de repente, eu me senti feliz. Naquele exato momento, alguém da minha casa me alcançou e disse: "Sua filha morreu". Comecei a tremer e olhei para Jesus, mas ele sorria para mim com uma calma incrível. Ele disse: "Não se preocupe, tenha fé" e veio comigo para casa. Ao chegar, vimos que era verdade. Já havia até pessoas chorando, minha mulher estava desesperada. Mas Jesus estava impassível. Entrou, olhou ao redor e perguntou: "Por que essa confusão e esse choro? A criança não morreu. Ela está apenas dormindo". Quando ouviram isso, as pessoas riram na cara dele: "Escute só isso... veja só o metido a sabichão! Se é verdade, vá acordá-la!". Ele não respondeu. Ficou sério e disse: "Saiam daqui, agora!". Todos saíram. Fez um sinal a mim, à minha mulher e aos três amigos que tinham vindo com ele, Pedro, Tiago e João, para que entrássemos no quarto em que minha filha jazia, imóvel. Eu não conseguia segurar os soluços que escapavam do meu peito. Mas ele, ah!... Ele se aproximou de você, minha filha, segurou sua mão e disse com força: "Talitá cum!", que quer dizer "Menina, eu te digo, levanta-te". Então você reviveu e o rabi nos mandou lhe dar algo para comer. Nunca sentimos tanta alegria!

Entendeu agora porque estamos convencidos de que ele é o Deus da nossa fé? Então agora vamos rezar para agradecer e, depois, vamos comer!

Os detalhes desta história podem ser lidos no capítulo 5,21-24.35-43 do Evangelho de Marcos.

Tenho certeza que ele vai me perdoar!

O evangelista Marcos no Getsêmani

Que felicidade! Faz uma hora que Simão Pedro me disse que ele e seus amigos viram Jesus vivo. Entendeu? Jesus está vivo! Eu estava misturado na multidão, mas eu vi quando ele morreu na cruz... Depois ele foi sepultado, mas agora estão dizendo que ele está vivo, voltou dos mortos, ressuscitou!

Meu coração parece que vai explodir de tanta alegria. Será que eu também vou vê-lo? Quem sabe... Aí vou poder dizer o que eu queria ter dito na outra noite, lá no horto.

Ah, desculpe, mas estou tão empolgado que até esqueci de me apresentar. Meu nome é Marcos. É que há pouco eu ainda estava chorando pelos cantos, desesperado, mas agora eu posso contar a história toda. Não ia conseguir dizer uma palavra se ele não tivesse voltado...

Naquela noite, Jerusalém em peso estava se preparando para a Páscoa. Jesus e seus discípulos também foram celebrar a ceia na casa de um conhecido dele. Eu fiquei perambulando por ali. Estava com uma vontade enorme e inexplicável de ver Jesus, mais que de costume. Arrumei um cantinho e fiquei à sua espera.

Passou uma hora, depois outra... Finalmente, a porta se abriu e vi a luz de tochas acesas. Todos foram saindo: Jesus e um, dois, três, quatro... contei onze discípulos, fora aquele que eu vi sair apressado um pouco antes, mas que não conseguira reconhecer. Falavam baixinho. Ninguém ria, como as pessoas que andavam na rua.

Eles foram andando na direção da Porta das Águas. Deduzi que estavam indo para o Horto de Getsêmani. É um lugar bonito, cheio de oliveiras. Eu já tinha estado lá muitas vezes. É onde fica a Gruta de Eleona, que serve de abrigo aos peregrinos. O próprio Jesus já tinha passado a noite naquele lugar várias vezes.

Segui atrás deles, só que desci a escadaria que vai dar na fonte de Siloé, passei pela torrente de Cedron e acabei chegando primeiro. Queria ficar com eles, então fiquei esperando, mas não demorou muito. Passaram em silêncio e quando chegaram diante da gruta, Jesus disse:

– Sentem-se aqui enquanto eu vou rezar.

Então ele e três discípulos desapareceram na sombra, no meio das oliveiras.

O que você teria feito? Pois eu deixei o medo de lado e fui atrás.

Havia um clima estranho no ar. A lua brilhava tímida no céu, uma brisa balançava as folhas das árvores, mas estava um silêncio... Fui andando com cuidado para não chamar a atenção até que vi os discípulos sentados na grama. Jesus estava subindo por uma elevação do terreno e desapareceu da minha vista. Olhei para os três e percebi que estavam dormindo. Permaneci imóvel. Estava com uma sensação boa, me sentindo leve... Então Jesus apareceu, foi até os discípulos, disse alguma coisa a eles e voltou por onde tinha vindo até sumir novamente do meu campo de visão.

Apurei os ouvidos, mas aquele silêncio todo era mesmo muito estranho. De repente, ouvi um barulho. Passos, vozes, folhas pisoteadas. Eu me escondi o quanto pude no meio da folhagem e então entrevi a luz das tochas. Os três discípulos deram um pulo. Jesus estava ao lado deles e esperava as pessoas que se aproximavam.

Eram guardas do templo e estavam armados. Não acreditei no que via: com eles estava Judas, um dos discípulos que seguiam Jesus! Fiquei com medo de ouvirem meu coração, de tão forte que ele batia, mas cheguei um pouco mais perto. Judas se aproximou de Jesus, deu um beijo em seu rosto e disse alguma coisa que não consegui escutar. Em seguida, os guardas foram para cima do Mestre e o prenderam.

O mundo parecia desabar sobre mim. Ele estava sendo preso! Pedro ergueu a espada, mas Jesus o deteve. Disse algumas palavras e todos se afastaram, fugiram... Eu não consegui me segurar! Fechei os punhos e fui para junto de Jesus, como se pudesse fazer alguma coisa. Mas, no fundo eu era tão covarde quanto os outros.

Um soldado me olhou como se fosse me matar ali mesmo, me agarrou e toda a minha coragem desapareceu. Consegui me soltar e saí correndo. Jesus ficou sozinho.

Quando achei que estava a salvo, olhei para trás. Queria ver o que ia acontecer, mas era tudo tão terrível que eu estava perdendo as forças. Jesus estava amarrado e sendo arrastado para fora do horto.

Sentei debaixo de uma árvore, com um nó na garganta e caí num choro incontrolável. Jesus tinha sido preso e eu fugi sem fazer nada por ele!

Passei todos esses dias meio perdido, angustiado. Quando Simão Pedro me contou a novidade pensei que ia desmaiar de tanta felicidade. Jesus está aqui novamente! Está vivo! Preciso encontrar com ele de qualquer jeito. Quero olhar nos olhos dele e dizer: "Senhor, tu sabias que eu te amava! Perdão, Senhor".

Tenho certeza que ele sorrirá para mim e responderá: "Já te perdoei, Marcos!".

Leia este episódio no capítulo 14,32-52 do Evangelho de Marcos. Ele fala de um "jovem", que a tradição diz ser Marcos quando rapaz.

Ninguém acreditava em mim

A história de Rosa

Meu nome é Rosa. Tenho treze anos e estou tão entusiasmada que minha vontade é brincar de roda com você, sair dançando e cantando por toda Jerusalém.

O que me aconteceu foi maravilhoso demais! Só de pensar, fico emocionada, como naquela noite. É melhor eu contar tudo desde o começo.

Moro na casa de Maria, mãe do Marcos. Cheguei como escrava, mas ela me trata como filha. Fui até batizada! Ontem à noite, como de costume, nos reunimos para rezar. Temos rezado muito, porque ultimamente as coisas andam difíceis. A casa é grande e Maria tem muita fé, além de ser muito gentil. Por isso, normalmente, todos vão para lá.

Herodes é um rei perigoso para nós que acreditamos em Jesus. Perigoso, mas um covarde! Ele quer bancar o bonzinho diante do povo, mas faz pouco tempo mandou prender Tiago, irmão de João, e o condenou à morte. Chorei muito, porque Tiago tinha muita fé e amava o Mestre.

Herodes está se aproveitando da situação, porque percebeu que uma parte da população gostou da atitude dele e resolveu começar tudo outra vez. Dito e feito! Não demorou muito para chegar a notícia de que Pedro também havia sido preso.

Parecia o fim. Será que Herodes ia eliminar todos os nossos líderes, um a um?

Então começamos a rezar para que Jesus ajudasse Pedro, seu grande amigo. A Igreja inteira se pôs de joelhos para suplicar a Deus. E o senhor ouviu as nossas preces! Vou contar como foi.

Devia ser por volta da meia-noite. Ainda estávamos rezando com Maria. Éramos um grupinho até numeroso. Eu estava perto da porta quando ouvi alguém batendo com insistência. Àquela hora? Olhei para Maria. Ela fez sinal para que eu perguntasse quem era. Obedeci, com medo, e então ouvi uma voz inconfundível:

– Sou eu, Pedro. Por favor, abram!

Meu coração deu um pulo. Pedro?! Mas se estava preso! E nós rezando justamente por ele! Mas aquela era a voz dele... Fiquei meio atordoada e, antes de abrir a porta, corri para contar aos outros:

– Pedro está aí fora... Foi ele quem bateu!

– Você está ficando louca!

– Está sonhando!

Eu insistia, e eles rebatiam:

– Vai ver é um anjo; o anjo dele. Não pode ser Pedro!

A sala virou um rebuliço. Cada um dava uma opinião. Enquanto isso... toc-toc-toc. Na porta alguém continuava a bater, cada vez mais forte. Era preciso abrir e ver quem batia!

Maria e mais algumas pessoas se levantaram. Descemos ao pátio. Fiquei para trás e ouvi a porta se abrindo e uma explosão de gritos de surpresa e alegria:

– Pedro! Como é possível? Em carne e osso! Entre, entre logo!

Foi uma festa! Meus olhos ficaram cheios de lágrimas. Era Pedro mesmo. Ele cumprimentou a todos, ajoelhou para rezar e nos juntamos a ele.

– Agora, sente-se, coma e beba. Depois, conte tudo o que aconteceu.

Que história!

Pedro contou que dormia entre dois soldados que montavam guarda, preso com grilhões de ferro, quando foi acordado por alguém que tocava em seu ombro. A cela estava iluminada e um anjo lhe disse: "Levante-se depressa!" e as correntes caíram-lhe das mãos. O anjo prosseguiu: "Aperte o cinto, calce as sandálias, ponha a capa e venha comigo".

– Confesso que pensei que estivesse sonhando – disse ele. – Mas era um sonho maravilhoso. O anjo saiu e eu o segui. Passamos pela primeira guarda, pela segunda, ninguém se movia. Quando chegamos ao portão externo, o de ferro, ele se abriu sozinho. Continuamos caminhando pela rua e, de repente, o anjo desapareceu. Só então eu me dei conta que estava acordado, que não era um sonho. Eu estava livre! Deus mandou um anjo para me libertar.

Quando Pedro terminou de falar, permanecemos mudos, olhando para ele. Olhei ao redor e vi que estava todos estavam chorando, mas muito felizes. Maria ajoelhou-se diante de Pedro e pediu:

– Abençoe esta casa e seus moradores, Pedro.

Ela tinha entendido que aquele era um grande presente recebido de Deus. Eu também entendi, sabe? Corri para junto dela e me ajoelhei ao seu lado. E Pedro, cheio de bondade, abençoou a todos.

É por isso que queria sair dançando pela rua... A minha vontade era fazer uma roda com Herodes no centro. Quem sabe conseguiríamos fazer com que ele nos entendesse? Como alguém pode rejeitar Jesus, que nos ama tanto assim?

**Se esta história impressionou você, leia, na Bíblia,
o capítulo 12,1-19 do livro dos Atos dos Apóstolos.**

Quero ser como Paulo

A história de Timóteo

Meu nome é Timóteo. Sou judeu, mas não nasci na terra de Jesus. Moro em Listra, cidade da Licaônia, que fica na Ásia Menor. Minha casa é numa planície, em meio às pastagens, com outros pastores. É o tipo de lugar que me agrada.

Mas não é isso que eu queria dizer a você. Só estou me apresentando. O que tenho para contar é bem mais interessante. Tem a ver com Paulo. Você sabe quem é ele?

Paulo é um dos seguidores de Jesus. Alguns dias atrás, ele falou sobre o Mestre de uma forma tão linda, que mudou minha vida. E não só a minha, mas a de toda minha família, quer dizer, da vovó Loide e da minha mãe Eunice. Meu pai morreu há alguns anos. Ele era grego. Mamãe e vovó são judias.

Escute só o que aconteceu.

Há algum tempo, Paulo veio a nossa cidade, com um amigo chamado Barnabé. Paulo estava todo empolgado, cheio de entusiasmo. Dava para perceber logo que os dois eram bem corajosos. Chegaram aqui depois de passarem por Antioquia e Icônio, onde arriscaram a vida por causa das suas pregações. Só por isso já valia a pena escutar dois caras como eles.

Paulo e Barnabé são judeus, mas não falavam das Escrituras do jeito que aprendi com mamãe e vovó. Eles acrescentavam coisas novas... Diziam que todas as Escrituras falavam de Jesus Cristo, o Messias esperado pelo povo, desde o tempo de Abraão. Que Jesus se fez homem, morreu crucificado, mas ressuscitou e agora está presente na Igreja, ou seja, em todos os que acreditam nele.

Para mim, no começo parecia uma história incrível. Mas você precisava escutar Paulo! Ele está convicto até a raiz dos cabelos. E não pense que ele é do tipo estranho e fanático! Paulo é muito inteligente, culto, crítico... e está tão encantado por Jesus que é impossível não escutar. Quando ele fala, é como se tocasse o nosso coração.

Fiquei mais impressionado com ele, com o jeito que ele fala do que pelos seus milagres. É, sim! Paulo também faz milagres.

Certo dia, enquanto falava ao povo sobre Jesus, Micael, um paralítico que vivia pelas ruas pedindo esmolas, também estava lá ouvindo. Ele olhava fixamente para Paulo. De repente, Paulo virou para ele e disse:

– Levante-se, fique de pé.

Micael deu um salto e começou a andar. Foi uma cena de tirar o fôlego! Ficamos atordoados não só pela cura, mas principalmente pela serenidade de Paulo. Ele continuou pregando, como se nada tivesse acontecido! Eu fiquei emocionado...

Ao ver Micael curado, o povo, entusiasmado, começou a gritar:

– Os deuses desceram entre nós em forma humana!

As pessoas cantavam, ajoelhavam-se, gesticulavam. Muitos correram para o templo de Júpiter para chamar alguém. Aquilo virou um pandemônio, só vendo!

Paulo e Barnabé, no meio da multidão, gritavam o mais que podiam para tentar acalmar o povo. De repente, ouvi mugidos de animais. Eram os touros, trazidos pelo sacerdote do templo

de Júpiter, porque as pessoas queriam oferecê-los em sacrifício. Todos estavam convencidos que Paulo e Barnabé eram nada menos que Mercúrio e Júpiter vindos do céu! Imagine só, quem já viu um deles por aqui?

A praça virou uma confusão total. Eu não perdia Paulo de vista. A certa altura, ele e Barnabé rasgaram as vestes e foram para o meio da multidão, gritando que não eram nem Mercúrio nem Júpiter. Insistiam que eram homens comuns, como todos os outros. Diziam às pessoas que deviam acreditar no verdadeiro e único Deus, aquele que enviara ao mundo Jesus Cristo.

Foi nesse instante que tive a iluminação. No meio daquelas pessoas que gritavam "Júpiter! Mercúrio!", só Paulo me pareceu sinceramente tomado por Jesus Cristo. Então, tomei a decisão de ser como ele.

Mas o tumulto não terminou ali. A situação ficou bem mais séria, porque pouco depois chegaram alguns judeus inimigos de Paulo, vindos de Antioquia e Icônio, e puseram a multidão contra ele. O povo ficou doido e começou a apedrejar Paulo até que caiu no chão. Parecia morto. Então, arrastaram-no para fora da cidade.

Fiquei revoltado. Que covardia! Uma multidão inteira contra um homem só, indefeso, mas tão corajoso! Eu e alguns outros fomos até lá para socorrê-lo.

Mas Jesus o curou, da mesma forma que ele tinha curado Micael. Afinal, era justo, não acha? Paulo se levantou e nós o levamos para minha casa, até ele se recuperar completamente.

Eu ainda estava furioso... Como podiam perseguir Paulo aqui, em Listra, como faziam nos outros lugares? Àquela altura só restava uma coisa a fazer: dizer a Paulo que nós – eu, mamãe e vovó – também queríamos ser cristãos e desejávamos o Batismo. E assim foi.

Paulo partiu para Derbe, mas sei que vai voltar em breve. Quanto a mim, já sei o que vou fazer. Ficaria muito contente se, um dia, Paulo me chamasse para ir com ele contar a todo o mundo sobre Jesus Cristo. Eu sei que faria isso de todo o coração.

Leia este episódio na Bíblia. Está no capítulo 14,8-20, do livro dos Atos dos Apóstolos e no capítulo 1,1-5, da Segunda Carta a Timóteo.

Eu sou mesmo um felizardo!

A história de Êutico

Aposto que se você me visse hoje, assim tão animado e alegre, nunca iria acreditar no que me aconteceu... Quero contar tudo, até porque vou poder falar do meu grande amigo Paulo.

Sou Êutico e moro com minha família em Trôade, uma cidade bonita, da província romana da Ásia. Tem muita gente aqui que acredita em Jesus. Quando recebemos a notícia de que Paulo estava para chegar, vindo da cidade de Filipos, foi uma festa. Ele já tinha estado aqui em Trôade antes. Eu era pequeno, tinha só 6 anos, mas me lembrava vagamente dele. Isso já faz cinco anos... Hoje tenho 11 anos de idade.

Paulo é uma pessoa especial, "um gigante da fé", como dizem. Ele fala com tanto entusiasmo de Jesus... e é tão generoso! Nunca vi alguém como ele.

O apóstolo chegou domingo à noite, como de costume. Nós nos reunimos para partilhar o pão, o que é sempre um momento especial. O encontro foi na casa de um amigo, no andar de cima de uma bela casa, numa sala cheia de lâmpadas.

A passagem ia ser rápida: Paulo ia partir de Trôade no dia seguinte. A sala estava apinhada de gente, todos queriam aproveitar para escutar sua palavra. Então, ele falou até meia-noite, explicando as Escrituras, animando as pessoas, dando conselhos.

Fazia muito calor... eu estava derretendo! Precisava de um pouco de ar! Sentei no peitoril da janela e me senti um pouco melhor. Paulo fala bem e tudo era superinteressante, mas eu nunca fico acordado até tão tarde... Eu queria prestar atenção, mas meus olhos estavam se fechando sozinhos... Acabei adormecendo ali, sentado no peitoril da janela do terceiro andar!

Acho que, sonhando, devo ter me virado como se estivesse na minha cama. Mas do outro lado só havia o vazio. Então... Tumpf! Caí lá de cima! Ao menos foi o que me contaram...

Não me lembro de nada! O mais espantoso é eu estar agora aqui, vivo, contando essa história!

Minha queda causou rebuliço geral, sem falar no desespero dos meus pais. O único que permaneceu calmo foi Paulo. Dizem que ele desceu as escadas com tranquilidade, pediu licença, se inclinou sobre mim, me abraçou e disse:

– Não se preocupem, ele está vivo!

Fui levado para dentro da casa. Eu ainda estava meio tonto, precisava despertar completamente. Enquanto isso, Paulo subiu novamente, chamou todo mundo e celebraram a fração do pão. Depois ficaram rezando e conversando até de madrugada.

Quer saber o que mais me impressionou? Aquela não foi a noite em que caí da janela fui salvo por Paulo. Aquela continuou a ser a noite da partilha do pão, ainda que o assunto das conversas sempre voltasse para o que tinha acontecido.

Mas eu sei bem o motivo: para Paulo, Jesus é o mais importante, ele está acima de tudo. Ele salvou a minha vida e deixou todo mundo alegre... não tanto pelo milagre, mas porque, quando partilharam o pão, era como se Jesus estivesse ali com a gente. Pensei sobre isso muitas vezes.

No dia seguinte, quando Paulo se preparava para partir, fomos nos despedir dele. Consegui chegar pertinho, apesar da multidão que estava ao seu redor. Afinal, eu precisava agradecer! Meus pais também conseguiram chegar perto do Apóstolo. Queriam falar com ele.

Alguém se lembrou de mim, segurou minha mão e disse a Paulo:

– Este é o Êutico. Duvido que ele se esquecerá de você um dia. Será seu amigo para sempre.

Ele sorriu para mim e disse com simplicidade:

– Como sabem, Jesus é capaz dessa e de muitas outras coisas. Eu também não esquecerei de Êutico, em quem se manifestou o poder do Senhor.

Depois, olhou nos meus olhos e perguntou:

– Êutico, você sabe o significado do seu nome?

– Felizardo – respondi, sem pestanejar.

Eu já sabia, porque meu pai tinha me explicado. Paulo sorriu com bondade:

– Muito bem. É isso mesmo! E você foi mais que felizardo ontem à noite. Você foi salvo por Jesus. Agora só tem que lhe agradecer, não com palavras, mas também com a vida.

Fiquei me sentindo todo importante, porque vi que Paulo estava falando sério. Então, eu também olhei bem dentro dos olhos dele e disse:

– É o que vou fazer, Paulo!

Estou convencido disso.

**Se você gostou desta história,
leia o capítulo 20,7-12 do livro dos Atos dos Apóstolos.**

Sumário

Apresentação 5

Os jovens do Antigo Testamento

Deus providenciará!
A história de Isaac 9

Lá vem o sonhador!
A história de José 14

Audiência com o Primeiro-Ministro
A história de Benjamim 19

Nunca rezei tanto em toda a minha vida!
A história de Maria 24

Tenho tudo, mas não é o bastante
A história de Moisés 28

De repente, acordei!
A história de Samuel 33

Por que logo eu?
A história de Davi 38

Já imaginou um gigante?
Continuação da história de Davi 43

O mérito não é meu!
A história de uma escrava 48

Têm coisas que não acontecem com qualquer um...
A história de Joás..53

Adivinhe quem foi meu guia?
A história de Tobias 57

Quem está me chamando?
A história de Jeremias 62

Que desafio!
A história de Daniel 66

Mais forte que um leão
Continuação da história de Daniel..71

Os jovens do Novo Testamento

Deus é muito bom!
A história de Jesus..79

Por que vocês me procuravam?
Continuação da história de Jesus 85

Imagine a cena!
As crianças cercaram Jesus..90

Escuridão total...
A história do jovem de Naim 94

Você também não se sentiria assim?
A história do jovem dos pães e dos peixes 98

Ele chegou de repente...
A história da cura do epilético..102

Falar pelo olhar
As crianças e os escândalos 106

Jesus conquistou meu coração
A história da filha da cananeia 109

Que emoção!
A vocação de João, o evangelista...113

Um novo nome
A história da filha de Jairo 117

Tenho certeza que ele vai me perdoar!
O evangelista Marcos no Getsêmani..121

Ninguém acreditava em mim
A história de Rosa 126

Quero ser como Paulo
A história de Timóteo...131

Eu sou mesmo um felizardo!
A história de Êutico..136

Impresso na gráfica da
Pia Sociedade Filhas de São Paulo
Via Raposo Tavares, km 19,145
05577-300 - São Paulo, SP - Brasil - 2019